陕西出版资金资助项目

陕西人文地理丛书

豪放陕北·黄土高原

张小永 张 方 著

西安地图出版社

图书在版编目(CIP)数据

豪放陕北·黄土高原/ 张小永　张方著. —西安：西安地图出版社，2017.5
ISBN 978-7-5556-0320-7

Ⅰ. ①豪…　Ⅱ. ①张…　②张…　Ⅲ. ①人文地理—陕北地区　Ⅳ. ① K924.1

中国版本图书馆 CIP 数据核字（2016）第 288643 号

丛书主编：侯甬坚
著作人及著作方式：张小永　张方　著
责任编辑：韩小武　王　静

书　　名　豪放陕北·黄土高原

出版发行： 西安地图出版社
地址邮编： 西安市友谊东路334号　710054
印　　刷： 中煤地西安地图制印有限公司
开　　本： 700mm×1 000mm　1/16
印　　张： 14.375
字　　数： 120千字
版　　次： 2017年5月第1版　2017年5月第1次印刷
书　　号： ISBN 978-7-5556-0320-7
定　　价： 28.00元

前面的话

侯甬坚

这套“陕西人文地理”由《厚重关中·渭河平原》《豪放陕北·黄土高原》《隽秀陕南·秦巴山地》三册组成，也就形成了一个整体，而每一册也是独立成篇的。

关中篇展开的地理基础是渭河平原，也就是前人称颂的八百里秦川。在秦汉时代，这里曾经有过“陆海”“天府之国”的美称。试想一下，前者可否是西来之客，见惯了莽莽山岭，骤入此境，一马平川，顿觉犹如“陆海”；后者可否是东来之人，过了豫西山地，见此境城邑高大，村庄错落，农人繁忙，物产丰饶，恰似一座“天府之国”。

陕北篇凭借的地理条件为黄土高原，这自然是整个中国北方黄土高原的一部分。从渭河平原北上，顺着渭河支流逆行，北去的地势逐渐增高，山原一片沉寂。黄土高原的植被色调随季节而变，春季泛绿，夏季苍翠，秋季红黄相间，冬季凋落不已。高原梁峁的本色固然一成不变，其景观却因作物的长势而出现变化。

陕南篇依赖的地理形势乃秦巴山地，这又是中国山川地貌的一种主要类型。绵长、高耸的秦岭山脊，促成了一座座傲立的山峰，和它的主峰——太白山。山脊两侧的源泉、仙境、寺观、险道、药草……自古就吸引着山外之人神往，而今的隧道、水库、净土、氧吧、关隘……总是在召唤着游客们前来驻足观赏。

如上所述的渭河平原、黄土高原、秦巴山地，就是地理学家最为津津乐道的陕西三大地域单元。——这么不一样的三个自然地理区域，是如何组合到陕西省行政区里的呢？据我们所知，这是祖国漫长历史演进的部分结果。

简单地说，是先有“陕”这个地方，位置在豫西山地的陕县，西周初期的重臣周公、召公“分陕而治”，周公负责的是陕以东地区，召公负责的是陕以西地区，最早开启了以“陕”分区的历史。

北宋前期设置的最高级别的管理区域，称之为“路”，其辖境比较大，以长安为治所设立的陕西路，使用了七十多年，又改作他名。

到了元朝，设立了辖区更加广大的陕西行省，最突出的地方是将汉中、安康这些陕南部分包括进来，明朝这里的正式称谓是陕西等处承宣布政使司（习称陕西省），辖境比较稳定，等到清朝康熙六年（公元 1667 年）分离出了西面的甘肃部分，陕西省的辖区就大致延续了下来。

从陕西的来历可以看出，陕西地域的形成经历了一个漫长而复杂的过程，不仅自身的组成越来越合理，而且与周围邻省的地域关系也是越来越融洽，共同组成了祖国版图的有机部分。这样的地域史，毫无疑问是祖国历史的一种认知方式，同时也是好学者的研习素材。历朝历代在这一片土地上生活过的人们，与这一片土地之间，展开过相当丰富多彩的互动，并酝酿出深厚的情感，这些正是我们今天在人文地理视野下需要反复领会，甚或体验的地域文化精髓。

最后，我想说的是，希望通过阅读这一套“陕西人文地理”丛书，给读者铺开一条走进陕西、走向远方的路径。

目 录

第一章　物华天宝

第一节　物产丰饶

陕北位于黄土高原中部，东隔黄河与晋西黄土高原相望，西以子午岭与陇东黄土高原为界，南与关中平原毗邻，北接内蒙古鄂尔多斯高原。地理位置在北纬 35°07'～39°35'，东经 107°14'～111°16'之间，包括今陕西省榆林市（辖 2 区 10 县）、延安市（辖 2 区 11 县），总面积 8 万平方千米，总人口 611 万人。全区海拔在 450～1 900 米之间，地势西高东低，整体上是由西北向东南倾斜，

白于山

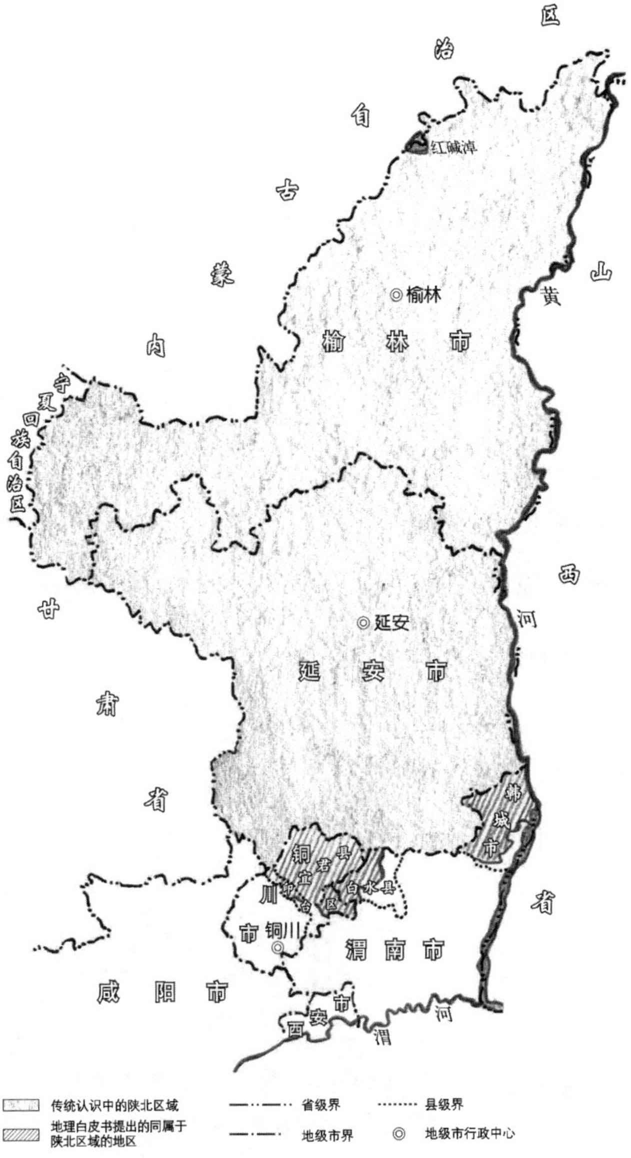
内蒙古自治区
红碱淖
榆林
榆林市
黄河
山西省
宁夏回族自治区
甘肃省
延安
延安市
韩城市
白水县
铜川
铜川市
渭南市
咸阳市
西安市
渭河
传统认识中的陕北区域
地理白皮书提出的同属于陕北区域的地区
省级界
地级市界
县级界
地级市行政中心

陕北区域的不同认识

最高点在定边县白于山的魏梁，海拔 1907 米，最低点在宜川县的猴儿川黄河入口处，海拔 450 米。地貌以黄土丘陵为主，除少数石质山地之外，地面覆盖着一层黄土，最薄数米，最厚可达 200 米，一般厚度为 50～150 米，是我国黄土分布最典型的地区。

距今约 2 300 万年前—260 万年前的新近纪（晚第三纪）时期，包括黄土高原在内的整个北半球气候趋向寒冷，陕北地区的热带、亚热带植物为温带和寒带植物种属所代替。到新近纪上新世晚期（约公元前 360 万年—公元前 260 万年），陕北气候已比较温和，植被主要为落叶阔叶林，其中以古栓皮栎占优势，其次为辽东栎、蒙古栎，还有栗、槭、榉、鹅耳枥、榛、柳、杨、荚蒾、云杉等属的一些种类，除古栓皮栎外，其他一些种属至今仍是黄土高原夏绿阔叶林的主要组成部分。

第四纪的更新世（约 260 万年前—1 万年前）时期，地球经历了冰期和间冰期的多次冷暖交替，陕北黄土高原气候从暖湿向干冷波动转变，以森林为主的自然环境向森林草原转变，森林占有一定的比例。

也是从早更新世开始，陕北地区开始出现黄土堆积。之后的整个第四纪期间，黄土沉积面积逐渐扩大，厚度不断增加，形成了黄土高原范围内黄土的大面积连续覆盖。

进入全新世（约1万年前至今）后，随着冰川时代的结束，冰后期的来临，气温明显回升，到全新世中期，我国大部分地区气候均比今天同一地区温暖湿润，陕北地区当然也不例外。

从更新世到全新世，包括陕北在内的黄土高原地区具有优良的农牧业发展条件：一方面气候温润，植被茂密，动物众多，森林与草原交互覆盖，且越向北草原覆盖面积越大，从而成为牲畜繁殖、畜牧业发展的优良场所；另一方面，由于河流水量丰沛，含沙量少，地貌状况也较今完整平缓得多；加上黄土母质上发育而成的黑垆土土壤松软易耕，土质肥沃，因而为麦、粟、玉米、薯类等农作物栽培和农业发展提供了有利条件。这些优越的生产、生活环境，使活动于黄土高原地区的先民们率先发展起原始的农牧业，也使包括这一地区在内的黄河流域成为世界四大古代文明的发源地之一。

河套人

陕北地区有大量的史前遗存：旧石器时期的“河套

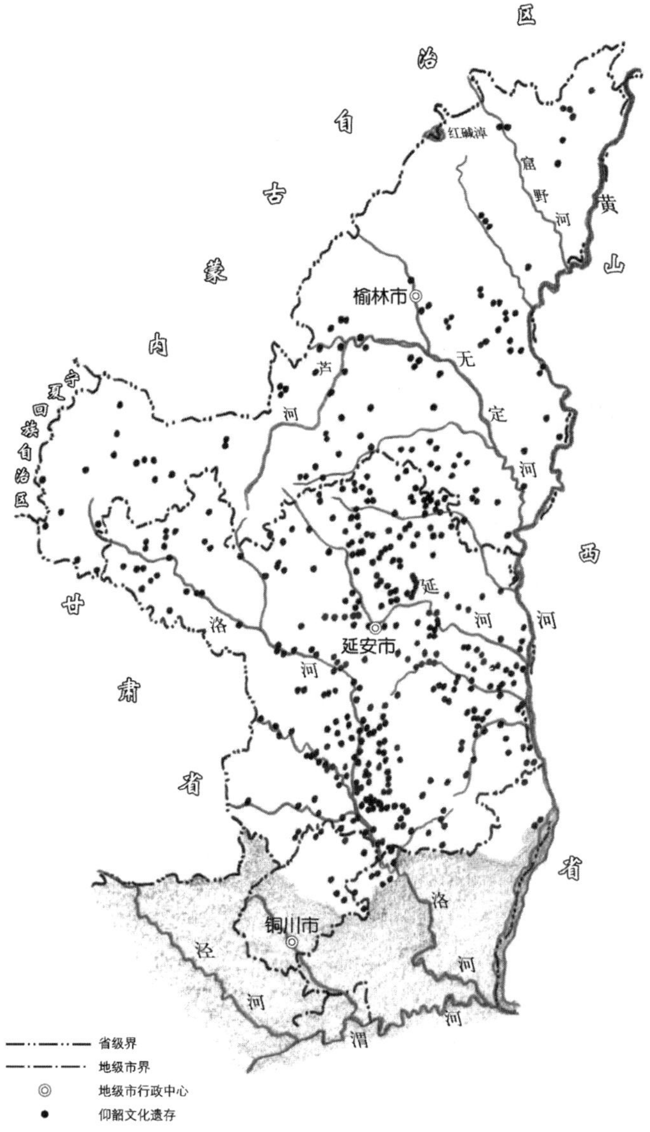
内蒙古自治区
宁夏回族自治区
甘肃省
山西省
黄河
红碱淖
窟野河
榆林市
无定河
芦河
延河
延安市
洛河
铜川市
泾河
洛河
渭河
省级界
地级市界
地级市行政中心
仰韶文化遗存

陕北仰韶文化遗存图

龙山文化后寨子峁遗址

人”、河套文化，新石器时期众多的仰韶、龙山文化遗址及遗存，构成了陕北史前文化基本完整的发展序列。新石器时代遗址中,仰韶遗址主要分布在榆林市境内，有 70 多处，从这 70 多处遗址出土遗存物来看，当时陕北地区已经进入到以农业为主，以饲养家畜、狩猎、捕鱼、采集为辅的社会化经济形态。陕北的龙山文化遗址遍布全区，且分布相当稠密，仅榆林市文物部门登记在案的就有 678 处，其中吴堡县后寨子峁遗址、神木石峁遗址、佳县石摞摞山遗址等都具有代表性。龙山文化属新石器晚期，从土地遗存物看，当时陕北地区原始农牧业十分发达，人口数量剧增，经济与文化都处于领先地位。优越的自然条件，加上先民的辛勤耕耘和创造，不仅使陕北黄土高原文化在我国原始社会阶段占据重要的地位，而且还在这一基础上不断丰富和发展了以中原地区为主体的华夏文化，成为华夏文明发祥地之一。陕北地区先秦时期属古雍州，秦汉时称为上郡、北地郡，宋朝以后为延安府，明清时为延安府、榆林道。

20 世纪 70 年代，我国著名的气象学家竺可桢根据西安半坡遗址出土的遗物及其他丰富的考古、文献资料，证明了冰后期以来的历史时期如同地质时期一样，气候也是有变化的。其中仰韶和殷墟时代，即距今 5 000～3 000 年这段时间，是中国气候最温和的时期，大部分时间的年平均温度比现在高 2℃左右，1 月温度大约比现在高 3～5℃，雨量也比现在丰沛。据此推算，仰韶至殷墟时代，陕北地区气候应当属于亚热带，植被分布为亚热带森林和森林草原区。而据文献资料记载，到西周时期，仍有竹、漆、棕、楠等亚热带甚至热带树种生长于陕北佳芦河沿岸丘陵山地，以及陕北以东的中条山、稷山、峭山，以西的六盘山等地，这也可以作为陕北在殷墟时代属亚热带气候的佐证。而亚热带温润的气候，正是陕北原始农业得以发展的有利条件。

3 000 多年前，随着我国气候渐趋干冷，陕北地区不宜于农业生产的环境因素开始出现，从而导致原定居于此的许多农业部族逐渐向南迁徙至关中、晋西南、豫西北平原一带，农业文化中心也随之南移；而陕北高原则出现了农业经济向畜牧经济转型的趋势。这就意味着相当一部分族民必然由农业居民转为牧民，形成新的以畜牧业为主的部落，甚至演化为畜牧民族。这一演化对于由狩猎和采集演进为畜牧与农业的氏族来说并不困难。考古资料表明，这一时期一些属牧业经济类型的考古学文化，都还保存有一些传统因素，即与新石器时代农业文化遗存相连。同时期，史书上记载许多游牧部族，如夏时期之熏育（荤粥），商时期之羌、犬戎、西落鬼戎、危方、北羌、土方，西周时期之猃狁（犬戎）、鬼方，春秋时期之白狄、林胡、楼烦，先后活动于黄土高原西部与北部地区。这些游牧部族哪些是由本地族民演化形成，哪些是由外部迁入尚难以考证，但无论是农业族民向畜牧业的分离还是游牧部族的南下，都是游牧文化对原生农业文化的冲击、叠压甚至覆盖。但由于游牧经济的脆弱性及在粮食方面对农业的依赖，农业生产活动仍在继续，农业文化仍在缓慢生长。陕北高原一带，农业文化与游牧文化的双生共存，与位于其南部的关中平原及东部的晋西南汾、涑河流域发展更快的农业文化之间，逐渐形成明显差异。这种文化差异在以后的历史进程中一直存在着。

随着农业文化的衰落、牧业文化的兴起，陕北地区成为半农半牧、时农时牧的农牧交错带，战国以后修建起来的长城成了中原农业文明与北方游牧民族之间的农牧分界线。此后，这条分界线在历史上随着气候的冷暖、干湿变化以及人口的增长、迁徙而多次进退、交替，并一直延续至今。

陕北地区根据地貌、土壤、气候、植被、水土流失等状况，可划分为风沙区、黄土丘陵沟壑区、基岩山地与黄土塬沟壑区三个类型区。

长城沿线及其以北为风沙区；长城以南、渭北山地以北，包括黄土沟间地、黄土沟谷地、黄土潜蚀地为黄土丘陵沟壑区；陕北西北部、西部和南缘为基岩山地与黄土塬沟壑区。风沙区涉及县、区为榆阳（部分）、神木（部分）、府谷（部分）、横山、靖边、定边；黄土丘陵沟壑区涉及县、区为榆阳（部分）、神木（部分）、宝塔、延长、延川、子长、安塞、志丹、吴起、甘泉、绥

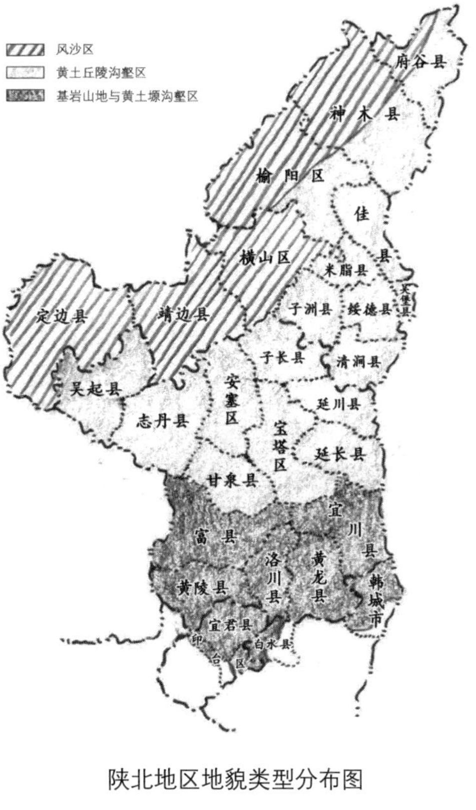

陕北地区地貌类型分布图

德、米脂、佳县、吴堡、清涧、子洲，基岩山地与黄土塬沟壑区涉及县、市为富县、宜川、黄龙、洛川、黄陵等。

陕北独特的地理环境及气候条件，为农、林、牧三者紧密结合，互相促进，从而为走农林牧相结合的发展道路提供了广阔的空间及发展前景。

陕北地区的农作物主要有：冬小麦、春小麦、玉米、高粱、谷子、糜子、大豆、荞麦、洋芋（土豆）、绿豆等，另外，在无定河流域、窟野河流域的川道上种植着少量水稻。陕北北部的粮食作物基本上是一年一熟，南部基本上是两年三熟，为陕北人民提供了基本的口粮。特殊的自然地理环境也为该地区大规模种植、发展小杂粮提供了很好的条件。陕北地区的主要经济作物与土特产有：油菜、棉花、甜菜、烟叶、大麻、红麻、苹果、红枣、核桃、板栗、杏仁、橡子、花椒、蚕茧、漆树、木瓜，中药材主要有：大黄、黄

洛川苹果

芪、党参、生地、山药、冬花、丹皮、板蓝根、赤小豆、杜仲、黄柏、枸杞（木本）等十余种。陕北还是世界著名的优质苹果生产基地，苹果种植业已成为陕北农民增收的主要渠道之一，红枣、核桃、花椒等经济作物种植面积和产量也较大，有的地方还建立了面积在千亩、万亩以上的商品粮生产基地。陕北发展经济作物与山林土特产具有广阔的前景，同时也是农民发家致富的重要途径。

陕北林业资源十分丰富，主要分布在南部的黄龙山、嵘山、桥山，植被主要是暖温带落叶阔叶林，这些林木对于陕北及全省生产、生活用材发挥着重要作用。林木树种属乔木的主要有：榆树、合欢、杜梨、杜松、油松、侧柏、旱柳、小叶杨、河北杨、加拿大杨、北京杨、箭杆杨、新疆杨、银白杨、刺槐白榆、中槐、臭椿、樟子松等，属灌木的主要有：沙柳、沙棘、柠条、紫穗槐、花棒、踏郎、沙杨等。其中杨树品种（组合）、白榆品种、刺槐等树种在用材林、防护林建设中显示了速生、丰产特性，发挥出多种经济效益，油松、樟子松在防沙、治沙、水保中发挥着重要作用，花棒、沙棘、踏郎、柠条、紫穗槐已经和正在发挥着治沙威力，特别是花棒、踏郎已成为治理流沙的王牌灌木树种。

陕北深厚的黄土不但宜农宜牧，而且蕴藏着丰富的矿藏。

在榆林市已探明的8大类48种矿产中，煤、气、油、盐资源富集一地，组合配置好，国内外罕见。其中，煤炭预测储量2 800亿吨，探明储量1 460亿吨，属特低灰、特低硫、特低磷、中高发热量的优质动力煤、环保煤和化工煤。位于该市的神府煤田是世界七大煤田之一，天然气预测储量5万亿立方米，探明储量1万亿立方米，是迄今为止我国陆上最大的整装气田；石油预测储量6亿吨，探明储量3.6亿吨，是陕甘宁油气田的核心组成部分；岩盐预测储量6万亿吨，探明储量8 855亿吨，约占全国已探明总量的26%，盐层平均厚度达120米以上，可供全球食用20万年。

第二节　畜牧悠久

昔日陕北黄土高原分布着广阔的森林草原，野牛、野马、鹿、羚牛、野猪等动物成群结队生活其间，人们由狩猎产生动物驯化、家畜家禽饲养，原始畜牧业由此起源。从商周时期起，鬼方、猃狁、白翟（狄）、匈奴、林胡、稽胡、卢水胡、鲜卑、氐、突厥、党项、羌、女真、蒙古、满等少数民族先后在北方兴起，与中原汉族政权在陕北土地上展开对土地和人口的拉锯争夺，陕北因此成了华夏政权安全保障的重要边防前线。陕北

白狄部族武士

以横山山脉为主的沟壑纵横地表地貌，是理想的军事防御地区。历代王朝或政权，为防御北部游牧民族南下，都十分重视对横山、子午岭、黄龙山诸山脉及其两侧谷道的控制。地处河谷要道的榆林、绥州、延州（延安）、夏州（靖边县北之白城子）、盐州（定边）、肤施（榆林南之镇川堡）、麟州（神木）、府州（府谷）便成为军事重镇。历史上，陕北既是中原政权的边陲重地，也是中原农耕文化与北方游牧文化的结合区域。

春秋战国时期，陕北仍“虎豹成群，猴鹿遍野”，居民以“食畜肉、衣皮革、被旃裘”为生，畜产品为主要生活资料，畜牧业呈兴旺景象。

当时，阴山南北，包括河套地带为匈奴游牧民族。公元前214年，秦始皇北逐匈奴，在河套地区建立了九原郡、北地郡、上郡（九原郡位于今内蒙古包头西南，北地位于今甘肃宁县西北，上郡位于今陕西榆林东南）3郡44个县，迁入大批刑徒，并派大将蒙恬和长子扶苏统兵30万驻守上郡，进行大规模的开垦种植，饲养畜牧。军队所需马匹主要取之当地。

蒙恬

秦汉时期，陕北居民以华夏族人为主，同时有猃狁、白狄、义渠等族民居住，境内畜牧业相当兴盛。《史记·货殖列传》记载：“龙门、碣石以北（指今陕北、内蒙古）多马、牛、羊、旃裘、筋角。”“天水、陇西(今甘肃临洮县)、北地（今甘肃镇原东，包括陕北定边、吴起部分地区）和上郡（今陕北和内蒙古伊克昭盟一带）与关中同俗，然西有羌之利，北有戎翟之畜，畜牧为天下饶。”当时畜牧业生产主要依靠天然草原放牧和圈养，生产的目的突出耕、战和食用三个方面。人们已懂得动物的繁殖行为，以及驯养骑乘的方法和屠宰牛、羊的要领，在肉类食品的加工方法上采取蒸烤、吊罐和烧炖等。

西汉景帝时期，汉王朝曾在上郡以西广选苑马（朝廷养马场所叫“苑”，出自各苑的马叫“苑马”）以做军事用途。景帝中元六年（公元前 144 年）六月，匈奴曾入上郡夺取苑马。汉武帝时，朝廷扩大了养马规模，在边郡经营了 36 个养马场，称为“三十六牧师苑”。地处洛河上源和秃尾河沿岸的北地郡归德县（今吴起县西）的堵苑、白马苑，河西郡鸿门县（今神木县西南）的“天封苑”，以及上郡的牧师苑，皆水草丰美，饲养着大批军马，史称上郡等地“分养马三十万头……牛羊无数”。

《续汉书·百官志》在追述西汉制度时曾说：“又有牧师苑，皆令官，主养马，分在河西六郡界中。”由此可见，河西六郡是西汉官方养马的主要区域，作为河西六郡中的陕北地区，自然亦不例外。

除官方牧苑养马外，西汉朝廷还鼓励民间养马。《史记·平准书》记载，汉武帝出游郡国，因新秦中（今陕北、宁夏和内蒙古鄂尔多斯高原一带）边境上没有设置防御工事，致使边民“畏寇不敢畜牧”而大怒，下令“诛北地太守以下，而令民得畜牧边县”。

东汉虞诩在《议复三郡疏》中说，“上郡等地水草丰美，土宜产牧，牛马衔尾，群羊塞道”，描绘了当时陕北地区畜牧业兴盛的状况。此外，清涧、绥德出土的汉画像石狩猎和放牧图，也生动逼真地描绘了当时陕北地区良好的生态环境和畜牧业发展状况。

三国至元朝，陕北地区先后为匈奴、羌胡、党项等少数民族占据，成为游牧民族的大牧场，畜牧业在这一时期有较大的发展。据《魏书·食货志》记载，北魏太武帝率兵平定统万城（位于靖边县城北58千米处的红墩界乡白城子村）后，“以河西（今黄河以西的陕西北部、内蒙古南部一带）水草善，乃以为牧地。畜产滋息，马至二百余万匹。橐驼将半之。牛、羊则无数”。同时，北魏皇帝一再下诏：“禁杀牛、马。”直至北魏末，“河西之牧弥滋矣”。

魏晋以后400余年的休耕农闲，使陕北高原林草植被有了很大程度的恢复和发展。河套地区呈现出“山头松柏林”“白草连天烧”的景况。长城沿线也出现了“枯桑盖地，海水连天”的美丽景色。定居陕北的杂胡民族，已经和汉民族相互融合，过着以定牧为主的牧民生活。据《旧唐书》记载，唐代宗大历年间（公元 766 年—公元 779 年），银州（约今米脂、佳县、榆阳等县区）党项人拥有大批牛、羊、马匹，“党项马”名噪一时。王公贵族也在陕北建立牧场，牧养马、驼、牛、羊。

唐初，朝廷还在西北边境地区设置牧监，大规模养殖官马。起初牧监设在原州平凉郡，其后牧监的范围扩大，“更析八监，布于河曲丰旷之野”。“河曲丰旷之野”就是今天陕、甘、宁、内蒙古相交的黄河大河套地区，唐朝的盐（今陕西定边）、夏（今陕西横山县西）、银（今陕西榆林东南）、绥（今陕西绥德县）诸州即在于此。另据《唐会要》记载，大和七年（公元 833 年），银州设牧监，养马 7 000 匹，河道侧近皆“放牧之地，水草甚丰”。夏州也设监牧，并于“缘边置场市马”。

对于唐朝监牧的分布，宋人欧阳修在《论监牧》中是这样描述的：“唐世牧地，皆与马性所宜。西起陇右、金城、平凉、天水，外暨河曲之野，内则岐、豳、泾、宁，东接银、夏，又东至于娄烦，皆唐养马之地也。”这一概括，基本上勾画出了唐朝监牧的地域分布，包括陕北、甘肃、宁夏在内的这一地带，水草丰盛，田土肥腴，气候高爽，特别适宜于畜群滋生繁衍。如前所述，秦汉以来就丰茂的畜牧场地，到了唐代，也自然成为官府发展畜牧业的优良牧场。

迄至北宋，陕北畜牧业生产已发展到相当的规模，北宋王朝曾下令每年要在保安军（今志丹县，辖境约相当于今志丹、吴起两县）榷场（榷场，是辽、宋、西夏、金政权在边界上设立的交易市场）收购 4 000 匹马和 2 万只羊。北宋后期，陕北地区成了宋、金、夏争斗的战场，大片森林、草场毁于战火，大量的牲畜被宰杀、抢掠，陕北地区畜牧业逐渐衰退。

北宋以后，陕北畜牧业生产时起时落，发展极其缓慢。金正大元年（公元 1224 年）秋，蒙古孛鲁、黑马破银州，“获牲口牛羊数十万”。元朝，陕北境内“民务本业畜牧”，牧强耕弱。明朝时期，由于陕北地区战争频仍，土地沙化，农区扩大，人们的掠夺性经营，使畜牧资源屡遭破坏，畜牧业再度衰退。这一时期，陕北境内虽然以农耕为主，但境内林草面积较大，加之农耕、交通的需要，陕北民间仍然普遍养马饲驴，畜牧业仍占相当比重。值得注意的是，民国时期，养羊百只以上的农户依然很普遍，大家畜几乎每户都饲养。

第三节　且牧且农

先秦时期，陕北地区延安以北为温带草原地带，以南为暖温带草原地带，境内水草资源丰富，草山草坡面积广阔，猃狁、

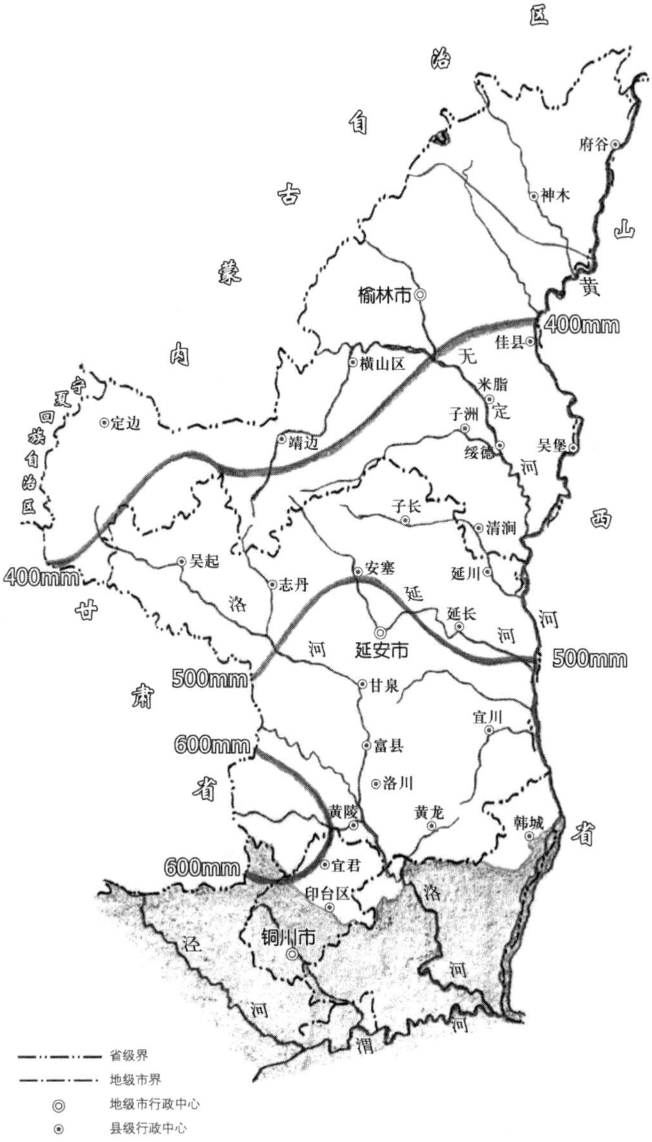

陕北地区年平均降水量图

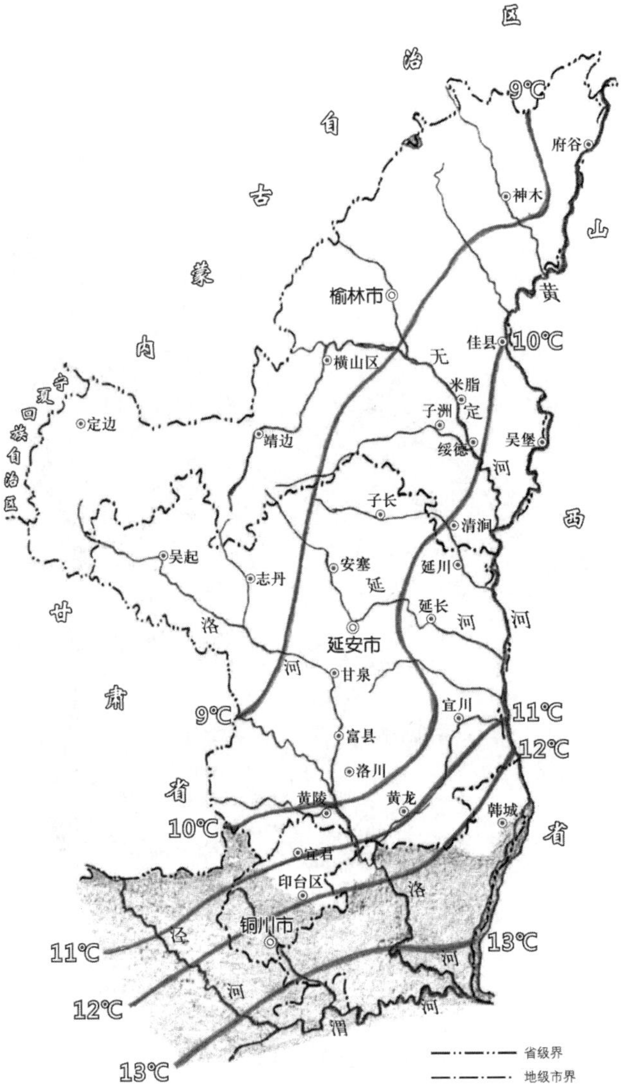
内蒙古自治区
宁夏回族自治区
甘肃省
山西省
黄河
无定河
延河
洛河
泾河
渭河
9℃
10℃
11℃
12℃
13℃
府谷
神木
榆林市
佳县
横山区
米脂
子洲
绥德
吴堡
定边
靖边
子长
清涧
吴起
志丹
安塞
延川
延长
延安市
甘泉
宜川
富县
洛川
黄陵
黄龙
韩城
宜君
印台区
铜川市
省级界
地级市界
地级市行政中心
县级行政中心

陕北地区年平均气温图

白翟（狄）等游牧部族先后在此进行游牧活动。

陕北黄土高原地区位于温带半干旱气候区内，年均降雨量低于 550 毫米，正处于农牧交界带，属宜农宜牧地区。历史上这一地区随着不同民族的居住与迁移，其土地利用形式也发生相应的变化，是我国农牧界线变迁最频繁的地区。

战国至西汉初年，我国的农牧界线在龙门、碣石一线，陕北地区位于此线以北，以畜牧业为主。秦汉时期，由于西北边防的重要性，朝廷大力募民戍边，开发陕北地区。如前所述，秦朝派大将蒙恬统兵 30 万驻守上郡，屯田戍边。汉初以“移民戍边”为基本国策，汉文帝前元元年（公元前 179 年），汉文帝用免罪、封爵等办法，招募大批内地汉民到上郡等地种田养马。汉武帝建元元年至元朔二年（公元前 140 年—公元前 127 年），将降服的游牧部落迁置于上郡等北边地带，如龟兹部族万余人迁往龟兹（今榆阳区北部），当时称为龟兹属国。汉武帝元狩二年（公元前 121 年），霍去病征掳匈奴浑邪王部数万人置于陇西、上郡、西河郡。元狩三年（公元前 120 年），山东（函谷关以东）遭大洪灾，汉朝廷从山东向上郡、河西走廊等地移民 70 多万。汉武帝元鼎六年（公元前 111 年），又将 60 万将士分驻在上郡等地御边屯田。秦朝时，上郡辖 8 县，人口数万，经过汉初的移民实边，至汉平帝元始二年（公元 2 年），上郡已发展为23县、103 683户、606 658人（《汉书·地理志》）。

在移民之初，陕北地区仍需朝廷由关中输粮以供食用，但这种转输耗财费力，难以长期维持。因此，西汉朝廷鼓励这些由农耕区迁入的移民，在河谷、洼地等水资源条件较好的地区发展种植业，开田植谷，扩大耕作面积，从而大大推动了当地的农业生产。"大片草原与森林逐渐消失，代之出现的是村庄和农田"（《告别饥饿 1978》第二章）。尽管如此，秦汉时期在陕北经营农业的成效并不十分显著。秦朝边防所需要的军粮并不就近取之于黄土高原农业区，而要仰给于今山东半岛转输来的漕粮。汉朝时也还要中央王朝的大农进行调剂。

两汉之际的战乱及东汉时的羌汉战争，使得陕北地区的汉族纷纷内迁："自羌叛十余年间，兵连师老，不暂宁息。""边民死者不可胜数，并、凉二州遂至虚耗。"西汉末年，西河、上郡两郡汉族人口60多万，东汉时仅剩5.6万人左右。当时，匈奴和羌族合计3.4万户，23.73万人南下入塞至关中。上郡等地成为游牧地区，大部分地方人烟稀少，植被草场恢复。1949年后从陕北出土的600多块东汉画像石，其中有"拾粪图""牛耕图""谷物图""放牧图""饲养图""收割图""驯马图""牧场图"等，反映了当年陕北地区农牧并重，"饶谷""多畜"互见的生产景象。

东汉以后，历经魏晋北朝，匈奴等游牧民族纷纷南下，黄河流域成为各民族相互争夺、厮杀不休的战场。东汉时陕北边郡已内徙，至魏晋则全无郡县建制，陕北地区再次成为游牧民族的大牧场。前秦时在无定河沿岸重设上郡，辖洛河以北大片土地，北魏及西魏、北周先后在这一带设有州郡，遍布羌胡的陕北地区，才逐渐出现由畜牧业优势向农业优势的转变。在游牧民族用畜牧生产手段改变陕北地区的同时，有些擅长畜牧的民族如氐族就会织布种田，有些农业人口留在沟壑泉溪之旁，在畜牧业的夹缝中求生存。游牧民族长驱直入农业种植地带，自然也会受到农业和农业文化的影响。而前秦以后北方各国，尤其是北魏、西魏和北周推行的一系列有利于农业生产恢复的政策和措施，又促使着陕北地区恢复牧区农业，回到农牧并重的道路上来。

隋朝，陕北地区人民“勤于稼穑，多畜牧”，大体上仍属于农牧兼营地区。其中延安郡（今延安宝塔区北）、雕阴郡（今绥德县）等地，“连接山胡，性多木强”，部分从事农业，以麻布为衣；再往北的朔方郡（治所在今靖边县北 58 千米白城子）、榆林郡等地，“地接边荒，多尚武节”，以畜牧为主。

有唐一代，朝廷为开发陕北农业，大力向陕北迁徙人口。唐初曾两次将党项羌人迁徙至盐、夏、银、绥四州地区，并安

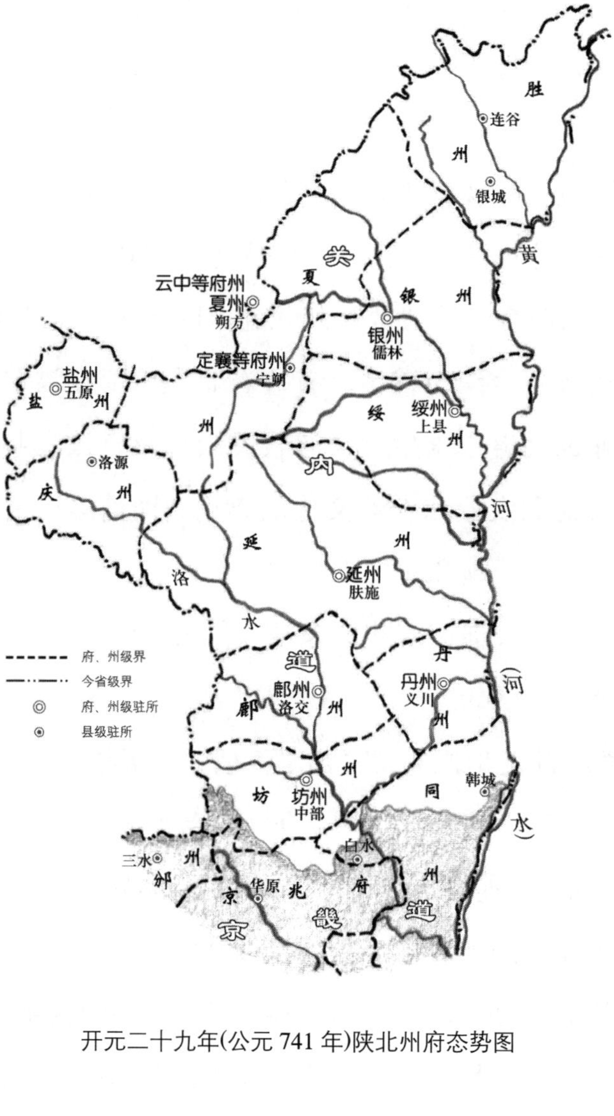

开元二十九年(公元 741 年)陕北州府态势图

置“外流”人口屯塞。武则天天授元年（公元690年），娄师德为丰州（今内蒙古自治区西部）都督府都督、知营田事，兼管灵、夏两州屯田，武则天称赞娄师德“总习军任，往还灵、夏，检校屯田，收率既多，京坻邃积，不烦和籴之费，无复转输之艰，两军及北镇兵，数年咸得支给”（《旧唐书·娄师德传》）。玄宗时期，在北方万里边防线上实行军士屯田，河套及南沿地带屯田军士数量庞大。唐王朝还鼓励早婚，按丁划地垦种，新垦土地“五年不税”。据史书记载，唐初坊、鄜、丹、延4州民户为27.7万人，天宝元年（公元742年）增加到46.2万人，增长67%。“安史之乱”后，朝廷又从关中地区大量迁民北徙，在陕北设置州府，用来安置征战掳掠来的人口。

当时的陕北地区，有北朝以后定居下来的农业人口，有因免征田赋被吸引来的内地贫民，还有内附的党项、突厥等游牧民族。由于汉族和少数民族人口混杂，农牧经营交织，存在着相互接济和补充的生产形式，一方面部分内附游牧民族逐渐朝务农方向转化，另一方面陆续迁入大量随时局变动而来的游牧人口，在水草较好的地方继续放牧。塬面较宽，土层稍厚的黄土塬区和河谷川地以农为主；北部接近毛乌素沙地，大部为梁、峁，畜牧业的比重大于农业。总之，唐朝陕北农业虽经大力开发，却“由于特殊的历史原因而始终保持着农牧混杂状态”（《陕西省志·地理志》)。

唐末五代，北方少数民族逐渐强大。至北宋立国后，北有契丹人建立的辽国，西有党项人建立的大夏国（因在西方，宋人称其为“西夏”）与之对峙，而陕北则是宋王朝的西北边疆，直接与西夏政权对峙。为适应这种政治地理位置的改变，北宋朝廷调集大量军队屯驻横山及无定河一线，并在边地实行屯田自给。宋仁宗时期，种世衡在延水河（今清涧河）子长、清涧两县川道开营田 2 000 顷（1 顷=6.6667 公顷）。种谔率军攻克西夏绥州，令高永能“治绥德城，辟地四千顷，增户千三百”。庆历年间（公元 1041 年—公元 1048 年），周美在葱梅官道谷（今延川永坪川）屯田，“岁收谷六千斛”（《宋史·周美传》）。宋神宗元丰七年（公元 1084 年），吕惠卿雇五县耕牛在木瓜原（今佳县、吴堡之间）耕种，开垦良田 500 余顷，“所得极厚”（《宋史·食货志》）。

北宋官员还在陕北地区招募土人营田实边，当时称这种应募者为弓箭手，平时与士卒一样守边，垦殖农田，战时则冲锋陷阵，效命军前。英宗时，陕北有弓箭手 46 300 人，另外还有义勇 156 875 人，他们平日为农，“遇召集防，日给米二升”，大批粮食的供给主要靠屯垦。当时新垦殖的土地，主要集中在边界地区的宋夏交通要道地带，“自麟石、鄜延南北近三百里……

悉募厢军配卒耕种免役”（《宋史·食货志》）。除兵屯外，由于原有游牧民族改为定居，从事种植业生产，陕北尚有相当部分的民垦，“麟（治所在今神木县）、府（治所在今府谷县）二州山川回环五六百里，皆蕃汉旧耕耘之地”。据史载，范仲淹曾斥责边地州县官吏利用营田，强迫百姓耕种土地瘠薄、无人请佃的逃田，令其输纳重租。可见，当时田地已相当广泛。据研究，北宋军民的屯垦地点遍及黄土高原丘陵沟壑区，面积不下十数万顷，其结果大大缩小了农牧混杂区范围，使农田直驱边地，形成了一次大规模的土地开发高潮。

公元 1127 年，北宋终被少数民族政权——女真人建立的大金国所灭，其后，偏安于东南一隅的南宋政权与金对峙了 100 多年。这 100 多年中，陕北自横山向西经安塞、志丹、吴起诸县之北属西夏统治，南面属于金国统治。女真人在内迁到黄河流域后，大多不再从事畜牧生产，而是到处强占良田，得到良田之后，却又不善于耕种，于是就租给汉人耕种，自己坐收租赋。由于陕北为干旱缺水之地，为了提高农作物收成，金国还以行政力量在陕北地区推行区种法。所谓区种法，就是在小面积土地上做成小窝窝（“区”），集中施肥用水，以求得单位面积的高产。然而区种法的实行并没有取得实际效果。金世祖大定十八年（公元 1178 年），“户部尚书曹望之奏，河东及鄜延两地税颇重，遂减五十二万余石”，减税如此之多，说明鄜延路原来承担的赋税一定不会少。总之，金国统治时期，陕北农业延续了北宋时期的业绩，仍在继续发展，这可从金国关中、陕南户数比北宋末均有所减少,陕北户数却略有增加的史料中得到证明。

公元1234年，金灭于蒙古族，蒙古骑兵所过之处，人畜散离。蒙古贵族不同于女真人，他们一向热衷放牧，在占有大片土地后，不耕不稼，而是将良田辟为草场，专事畜牧。另一方面，元朝政权建立后，统治者又很重视屯田，作为军饷之源，陕北一带早在元朝初年就已开始筹划实施屯田。忽必烈中统二年（公元 1261 年），诏命陕蜀行中书省给绥德州等处屯田牛、种、农具，以后又陆续补充了一些漏籍户和赎身放良的孛兰奚（元朝廷规定奴隶背主逃亡，由官府拘收，称“孛兰奚”。如主人认领，则仍交归原主），建立了贵赤（即贵赤卫，元朝禁军组织）延安总管府，专门负责管理陕北地区的屯田。至元十九年（公元1282年），贵赤延安总管府下辖2 027户，有地486顷。因当地人口不多，还是需要外界移民，才可能扩大生产，多产粮食。元末，由于江南漕粮运输多费周折，地方官吏以延安路地近东胜州（今内蒙古托克托，属元中书省），就筹措将延安路的粮食用骆驼驮到宁夏府路，然后顺河而下，漕运往东胜州，再转运至大都（元朝都城，今北京），说明当时陕北的农业已重

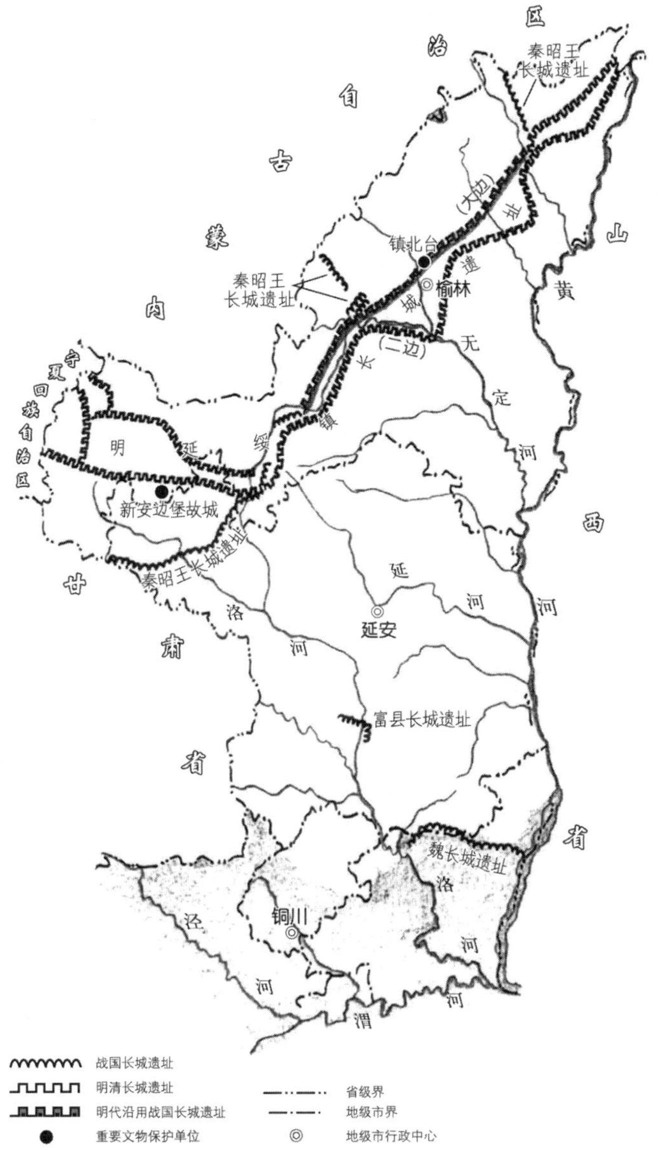

历代陕北地区长城分布图

新恢复并有所发展，已有余粮供应大都。

明朝筑万里长城，经陕北黄土高原北部边缘，基本上隔断了农耕民族与游牧民族的交往，实际上形成了一条新的农牧地区分界线。

然而，元明时期陕北经济总体仍较落后，直到明朝中叶，延绥镇还是地广人稀，七八万守军粮草供应不足，靠“开中法”的推行，由“商人输粟塞下，按引支盐，边储以足”。后来“开中法”也难以克服粮食的不足，军民俱困，朝廷便把希望放在边地军屯上。

明洪武八年（公元1375年），河南侯陆聚与卫国公邓愈一起屯田陕西，置卫戍守；颍国公傅友德也曾练兵晋、陕，总管屯田事务，说明明朝官府对陕西屯田的重视。洪武十三年（公元1380年），明太祖诏“陕西以卫军三分之二屯田”，剩余的守城。戍守屯边是一项长期任务，军屯自耕自食，是明朝不可动摇的基本国策，加上不断扩大的民屯，兴盛一时的商屯，明朝陕北的农业生产保持了较旺盛的发展势头。到明中后期，陕北地区多已开垦农田，明嘉靖年间（公元1522年—公元1566年）左副都御史庞尚鹏在《清理延绥屯田疏》中说：“臣自永宁州渡河西入延绥，所至皆高山峭壁，横亘数百里，土人耕牧锄山为田，虽悬崖偏陂，天地不废。”不过，畜牧业在陕北北部地区经济中仍占有相当比重，如神木县即以“善畜牧”著称。因此，陕北地区这时大多还保持着“务本业，多畜牧”的特点。

清朝的边地向北扩至蒙古草原，鄂尔多斯高原以南均属内地，明朝陕北一带设立的卫所军事组织，自然被地方行政机构所代替。随着地方行政组织的扩大，当地人口也增加了不少，而这些人口的绝大多数是从内地迁来的无地农民，他们来到人口相对较少、土地面积大的陕北寻找出路。清初曾经大战乱，顺治到乾隆的 150 年间，朝廷极力恢复生产，康熙、雍正年间实行“丁税改革”，导致人口极度增长，乾隆末年全国人口达 3 亿多，乾隆十四年（公元 1749 年）陕西人口已增至 6 724 158 人，嘉庆二十五年（公元 1820 年）竟突破 1 000 万人大关，道光二十年（公元 1840 年）又增至 1 197 万人，周围邻省人口增长的幅度也很大，人口大量增加将人多地少的矛盾推到社会经济的关键位置上。于是，关中等人口密集区成为人口输出区，大批无地贫民移居陕北。清初，朝廷延续前朝做法，以陕北长城一线为限，禁止百姓在长城以北 2.5 千米内开垦或放牧。但到康熙三十六年（公元 1697 年），因流民北迁势头不可阻挡，不得不允许汉人越过长城去租地垦种，这样一来，北出长城关口（所谓“走西口”）就渐渐成为晚清内地人口北迁的一条重要通道。据道光《榆林府志》记载，长城沿线的府谷、神木、榆

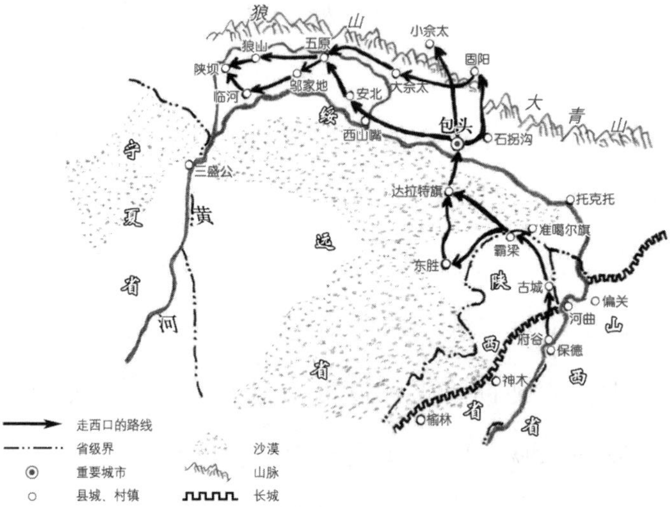

走西口路线图

林、怀远（今横山）四县在长城内的村庄有 2 500 个，而长城外的“伙盘”就有 1 515 个。所谓伙盘，即汉民出长城种地，定期春出冬归，在长城外修建的暂时“伙聚盘居”的处所。至于大批滞留在陕北高原的移民，因河川平地早已被前人开辟成田，建成座座村落，许多人只好移居不好的地方，在山坡陡原上垦地为生，砍伐树木，辟地成田，广种薄收，维持着相当低下的生活水平。

第二章　移民社会

第一节　地理背景

陕北地理位置非常特殊，与多个省份交界。北面是一望无际的蒙古草原，其间分布着大片的沙漠区。蒙古草原自古以来就是游牧民族的乐园，小的少数民族且不说，在战国时期这里生活着强大的匈奴族；之后生活过鲜卑族；唐代突厥族振兴；元代蒙古族崛起，并挥兵南下，建立了大元帝国。元朝灭亡后，蒙古草原地区主要居民仍为蒙古族，时至今日，内蒙古自治区仍有蒙古族人口 4 226 093 人。

陕北的西北部是宁夏回族自治区，此地自春秋时期便是戎狄等少数民族居住地，此后多个少数民族在此游牧。到了北宋时期，党项族在此建立了西夏王朝，并在陕北地区与宋王朝对抗多年，期间的人口交流自不必说。元王朝将全国人口分为四等，其中第一等是色目人。当年，一部分色目人跟随成吉思汗南征北战。大元建国后，这部分色目人被安置于与蒙古草原毗邻的宁夏，他们就是今天宁夏回族居民的主要来源。陕北的西南部是甘肃省，古代属雍凉之地，既是兵家必争之地，又是少数民族居民繁衍生息的天堂。其与陕北、宁夏接壤的地方，也以回族居民为主。陕北的东部与山西隔河相望，两地历来交流频繁。早在春秋战国时期，秦国在甘肃、陕西一带崛起。秦穆公时期，秦王朝主动与东北的大国晋国联姻，史称“秦晋之好”。往事越千年，两地人口交流无绝期。到了明代，如前所述，政府曾大规模移山西居民至陕北，乃至关中。

纵观历史，陕北的地理位置决定了其与周边地区人口交流的趋势。

第二节　移民历程

陕北是一个多民族融合的地区，如果你走遍陕北大地，留心他们的长相，你会发现有许多独特的地方。吕静在《陕北文化研究》一书中对陕北人外貌描写道：“陕北人一般体型适中，身材偏高大，大都体魄健壮，四肢匀称，鲜见肥胖型和极瘦型，皮肤多偏白，女子多双眼皮、长睫毛（俗称‘毛眼眼’），脸面扁圆、讲究‘板脑’、呈‘富态相’，男子大都鼻梁端正、挺直，额头宽平，棱角分明，两鬓和两腮丰满。还有一些人双眉交织，深眼窝，眼球偏黄，鼻尖下弯（俗称‘鹰鼻头’），头发自然带卷。”这些体型特征有别于其他地方的居民，有明显的胡人外貌特征。这些外貌特征，源于昔日移民。

轩辕黄帝

中华民族被称为炎黄子孙，此称谓源自于我国原始社会父系氏族时期部落联盟首领黄帝和炎帝。黄帝势力在陕北地区发展壮大，南征北战，战败了炎帝、蚩尤等部落，建立了强大的部落联盟。据说黄帝死后被安葬于桥山，虽然桥山有黄陵县和子长县两说，但在黄陵也好，子长也罢，都在陕北境内无疑。随着黄帝部落地盘的扩大，统治中心慢慢南移，至商周时期，猃狁（犬戎）、鬼方、土方、戎狄等少数民族相继进入陕北地区生活。

自战国开始，北方另一个少数民族——匈奴强大起来，成为中原王朝的劲敌，陕北地区也是他们活动地域之一，为了对抗匈奴，秦国在此建立了长城。秦朝建立后，强大的中原王朝将匈奴一举赶出了陕北。为了加强对陕北的统治，朝廷迁徙大量中原汉人到这里，并给它取名新秦中。秦始皇还派长子扶苏镇守陕北，扶苏被胡亥赐死后，就埋葬在今榆林绥德，绥德现在还有扶苏墓遗址。秦末，匈奴乘秦朝疲于应付农民起义之机，又占领了陕北。

西汉建立后，由于经历多年战乱，国家积贫积弱，边疆危机重重。至汉武帝时期，经过几代人的努力，国富民强，经过三次对匈奴用兵，将其赶出了陕北及近边地区。继之，西汉政府师法秦朝，将大批汉族居民迁徙陕北，使陕北成为民族融合的典型地区。近年在陕北绥德、米脂、榆林等地出土的西汉画像砖就既有牛耕、收获庄稼等农业生产的场面，又有狩猎、游牧等牧业生产的场面，反映了当时这一地区多民族融合与生产多样性的现实。

魏晋南北朝时期，北方少数民族纷纷崛起，鲜卑、匈奴、羌等民族先后在陕北大地登场，特别是南北朝时期，匈奴贵族赫连勃勃带领部落南征北战，来到今榆林靖边红柳河畔，被这一地区丰美的水草所

西汉画像砖

陶醉，征集工匠，修建了规模宏大的统万城，建立大夏国。建城后，匈奴一改之前马背上游牧的传统，开始定居于陕北，并以陕北为基地，一度攻占了长安。后来统万城被鲜卑攻破，匈奴灭亡，匈奴人一部分被带到山西，一部分人留在了陕北继续生活。今天陕北姓氏中，许多都是由匈奴姓氏演变而来的。

隋末农民起义烽火连天，唐初国力衰微，突厥骑兵在贞观年间一度逼近长安。唐王朝国力逐渐强盛后，主动出击，大败突厥及其他少数民族。当时在陕北地区设置了夏州，其治所在白城子（统万城），在今延安市设置了延州，少数民族吐谷浑就被安置在这两个州。因此，延安、榆林有些地名、河流名称，就与吐谷浑有关。如延河的支流杏子河川，在古代被称为浑州

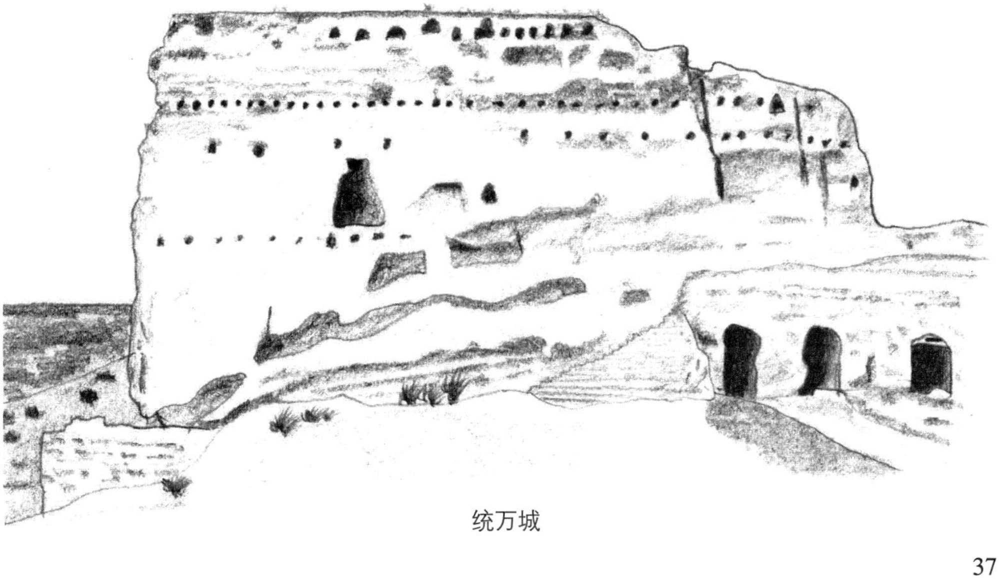

统万城

川，榆林地区的秃尾河，古代被称为吐浑河。

明代是陕北地区移民的又一个高潮。元末明初，由于明军在陕北与蒙古军队连年作战，致使陕北人口锐减。明王朝站稳脚跟后，加强边疆建设，采用多种方式移民。首先是将犯罪的人发配边疆充军，由于河套地区是双方争夺的焦点，陕北的军事位置十分重要，发配来充军的人也相应非常多，当时充军的原则是南方的人充军北方，北方的人充军南方，所以河套地区被押解来充军的大部分是南方人。明王朝鼓励官兵带家属到充军地，分配土地给家属耕种，以此来稳定军队。于是，充军过来的南方人及家眷就在陕北落地生根、繁衍生息。

除此之外，明政府还派军队押送山西人拖家带口到陕北居住。据说，当年明政府要求山西人迁往陕北，但山西人不愿意背井离乡。政府就告诉他们，如果谁不想迁走，明天一早来大槐树下集合。第二天早上人们高高兴兴地聚集在大槐树下，但谁也没料到立即被军队包围了，并被捆绑了双手押往陕北。以其故，大槐树是留给他们的最深的也是最后的对故乡的记忆。到如今，在陕北人中还流传着“自己祖上是从山西大槐树下迁来的”说法。

一路上背井离乡的人要上厕所，都会给押送的士兵说：“官爷请解开我的手，我要上厕所。”后来说得多了，大家都知道是

大槐树

怎么回事，在上厕所时只需要对士兵说“解手”，士兵们便明白是要上厕所。这样久而久之说惯了，居住到陕北后，他们也将上厕所称解手。解手一词就这么传遍大江南北。

满族统治者建立了大一统的大帝国，将以前的边疆也囊括进整个帝国疆域中，明朝时的边疆河套地区现在已成为内地。但迁徙却并没有停止。清初的统治者为了防止蒙古族和汉族在交往过程中相互联合对他们的统治造成威胁，同时考虑到为了避免双方在交接地带发生纠纷，便将长城以北划出一块宽 25 千米，长 1 000 千米的长方形“禁留地”，规定这片土地汉族人不能种庄稼，蒙古人不能放牧，是双方的缓冲地带。久而久之，这片土地就变得非常肥沃，草木茂盛，远远望去黑压压一片，因此当地人给它取了个名字叫“黑界地”。黑界地虽然肥沃，但入口处却由士兵把守森严，蒙汉双方只能望地兴叹。但双方，特别是汉族居民却有强烈的耕种欲望。

如前所述，明代为了加强边疆力量，在全国各地召集百姓移民实边，使陕北人口迅速增加。然而，这只是陕北人口流动的一个方面。另一方面情况如何呢？陕北地区自然、地理条件都不是很好，灌溉条件尤其堪忧，一直以来人们靠天吃饭。一遇到灾年，就有许多人悲切切、忧凄凄流落他乡。然而，到了清初，蒙陕交接地带出现了大好机遇。这是怎么回事？原来康

黑界地

熙帝带兵亲征叛乱的葛尔丹，途经榆林，看到长城附近的人民由于土地贫瘠，生活穷困潦倒，而离他们一墙之隔的长城外却土地肥沃，草木蔽天。他一路走来，听到的都是当地官民强烈要求能到黑界地种地的愿望，深有感触。于是下令：凡想出口外耕种黑界地的人，一律放行。命令一下达，黄河东西大批汉子作别故乡，风烟滚滚踏上西进路，向府谷古城春秋楼拥去。出了春秋楼城门洞就到了内蒙古地界，这是出边通道的重要关口。从此，许许多多陕北、山西好后生就都挡也挡不住地通过这个关口，踏上了走西口之路。黑界地吸引着大批陕北人和山西人前来耕种，为了助长声势，他们往往结伴而来，共同开垦耕种，所以黑界地又称伙盘地。当年，耕种伙盘地的人往往在农忙时节进入黑界地，农闲时间返回家乡，形成非常规律的活动，如同大雁一样，因此他们也被称为“雁行人”。但由于伙盘地游离于农业社会和牧业社会之外，不用给政府缴纳赋税，吸引了越来越多的人前来耕种，他们慢慢摆脱了“雁行人”的生活状态，定居下来，形成了乡村聚落。

“哥哥你走西口，小妹妹我实难留……”一曲哀婉动听的歌曲，唱尽了陕北人为谋生而迁移他处的哀怨与悲凉。走西口既是一条迅速致富的独木桥，更是一条艰苦的漫漫长路，其间自有酸甜苦辣咸千般味。《榆林日报》的记者安锁堂采访了西口路上的老人，其中一个讲述者名叫王六指，年届九十，民国二十九年（1940 年），府谷遭灾，老百姓衣不蔽体，食不果腹。为了活命，他怀揣蔓菁片充饥，风风火火走西口。到了口外后，给一户人家帮佣。女主人常年卧病在床，还有两个少不更事的孩子，雇主将全家的家务都交给了年仅 18 岁的王六指。为了圆掘金梦，王六指忍辱负重，黎明即起，前脚洒扫庭除，后脚便去拾取沙蒿烧开水。一年四季稍有差池，雇主便会劈头盖脸打将来……

后来，他又投奔石匠当学徒。孰料石匠师父更狠，压根儿不把学徒当人看，勒令六指徒弟夜以继日锻石磨，一天如此，天天如此。一次由于加工一个急件，累得六指徒弟满身大汗，被塞外冷风一吹，得了伤寒病。狠心的师父看他一病不起，卷走家当，黄鹤一去不复返。那些时日啊，六指徒弟每天都凄凄惨惨戚戚辗转在鬼门关外，所幸最后活了下来。

大病初愈，命运多舛的王六指即另谋生路。起初挑着担子，饥寒交迫游走于口内外，靠贩运东西做点小买卖维持生计。做买卖的道路崎岖又艰辛，特别是数九寒冬，常常是踩着刺骨的冰雪穿行于口内外，致使腿脚冻坏，落下顽疾。天道酬勤，王六指勤勤恳恳，吃苦耐劳，慢慢挣得一些积蓄。他用这些积蓄置办了一套牛车，从此往来口内外贩卖物品，免除了许多罪，并将家安置在准格尔旗的纳林。后经人说媒，居然娶得一房媳妇，但依然家徒四壁，缶无隔宿之粮。天暖还好说，到了冬天，塞外寒风呼呼地吹，全家人只能在瑟瑟发抖中艰难度日。这种状况一直持续到新中国成立。

王六指的遭遇是一代又一代黄河儿女走西口的缩影。

走西口的驼队

年逾古稀的刘鹏飞回忆他走西口的经历时说，1947 年府谷县发生了灾荒，人们生活成了问题，为了保全性命，许多人踏上了走西口之路。父母带着他们兄妹三人也加入走西口的行列，大家一路来到纳林河畔的纳林，觉得这个地方可以安身，就住了下来。当时纳林附近大面积种植洋烟，许多人就靠替人种洋烟或割洋烟来维持生计。由于部分人在纳林立住了脚，亲戚朋友也纷纷由府谷赶来投亲靠友，人口慢慢多了起来，就形成了一个村子。这是典型的陕北居民移居口外建立的移民村落。

在陕北地区移民社会形成的漫长过程中，不同民族、不同地域的人汇聚于此，相互融合，形成了一个特殊的社会群体和独特的地域文化。但随着历史越久远，留下来的移民信息越模糊、越笼统，给后人造成的研究困惑也越多。而明代作为陕北移民社会形成非常重要的一个时期，由于距今不远，大量的史籍、地方志和民间流传下来的故事，给后人研究提供了扎实的信息基础。下面就以明代在陕北地区较大、较为著名的移民家族为例，说说这一时期的移民情况。

第三节　移民家族

1. 陕北大姓郝姓

在陕北大地以郝命名的村落非常多，如清涧县便有郝家山、郝家沟、郝家畔、郝家湾、郝家石埝等十余个，府谷县有郝家畔塌、郝家寨、郝家中墕等，子长县有郝峪家岔，延长县有郝家塌等。显然，这些村落的居民以郝姓为主，郝姓成为陕北的一个大姓。仅据《延长县志》统计，1986 年延长县郝姓人口就有 1 981 人，提到“郝”这个姓大有来头。大家知道匈奴自战国至西汉时期是中原王朝的最大威胁。东汉时期匈奴衰落，他们在西域等地游牧散居。到了南北朝时期的公元 407 年，匈奴贵族赫连勃勃在陕北建大夏国，大有复兴之势。后大夏灭亡，匈奴部众散落各地。1998 年 5 月，延长县黑家堡镇瓦村忘台庄出土一块隋大业九年（公元 613 年）的墓志，名为《郝伏愿墓志》。该墓志内容如下：“君讳宜，字伏愿，望出西衢国人耶。四世祖郝子鱼有得，西将胡人，一余向东，往至太原治。经一十五年衰弱，为魏所统，遂授扁城郡守、领民酋长，因官食封。”从中得知，墓主郝伏愿应该是少数民族，因为在我国古代少数民族被统称为胡人。那么，他到底是哪个少数民族的？墓志中只说他祖上是“西衢国”人，延安市文物局段双印曾对

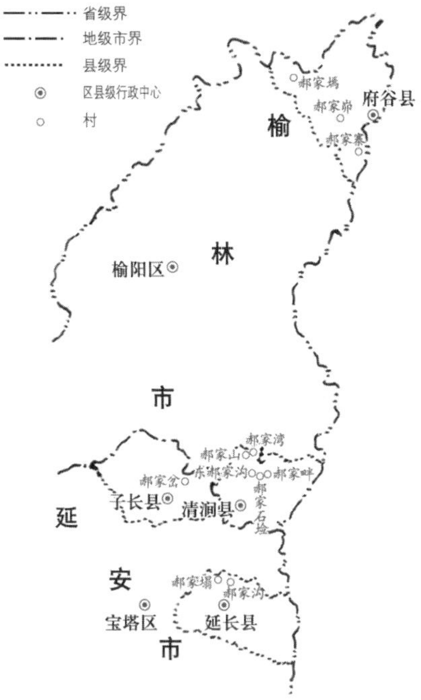

陕北地区郝姓主要聚居村落

西衢国进行过研究，认为西衢国就是赫连勃勃建立的大夏国，由于它位置在靖边县，位于延长县的西边，所以也被称为西衢。这就完全可以将郝姓与赫连勃勃联系起来了。应该是匈奴的大夏国灭亡后，子孙后代的一部分流落在陕北各地，把复姓赫连变成单姓“郝”，就如同北魏时，将匈奴人中的一部分赐姓刘一样。郝姓子孙流落民间，与汉族杂居通婚，融入整个陕北社会，现在如果没有墓志资料做证，根本不知道他们来自匈奴族。

其实榆林郝姓情况很复杂，据记者满孝永发表于《榆林日报》的专题报道《寻访中角郝氏家族》说，榆林绥德有一个小山村叫中角村，村里居住的村民都姓郝。中角村郝姓家族虽然没有翔实的文字家谱留下来，但他们一代代口头传下来的家谱说，当年他们的祖先居住在山西洪洞县，后来随着政府组

赫连勃勃

织的移民潮迁徙，最初居住在柳林县军渡镇的郝家津村。后来有部分人又向陕北移民，这部分人又分为三部分，一部分去边疆戍边，一部分留在了绥德，还有一部分到了清涧。村里 84 岁的老人郝宪池给记者的讲述也证实了这一点，他说：在民国年

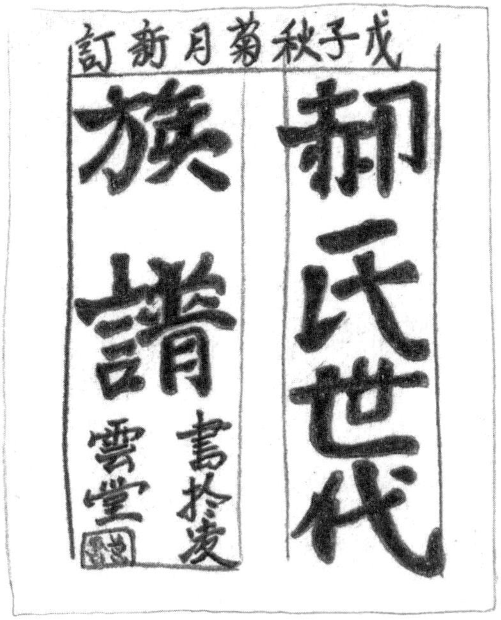

郝氏家谱

间，一位中角村姓郝的人外出，路过郝家津。凑巧赶上郝家津的人将祭祀完祖先的肉，分给本村郝姓村民共同享用。当这位中角村的人告诉自己姓郝，是绥德中角村的人后，郝家津的人说中角村的老祖先是从郝家津走出去的，祭祀祖先的肉也有中角村人的一份。移民来绥德的人最初居住在郝家墕，随着郝姓人口的不断增加，又开始有部分人迁移到别处居住，长支搬迁到了中角村，一支迁居到今日的郝家坪村，另一支依旧留在郝家墕，但三支都承认是一家人。

从山西洪洞搬迁到绥德中角村的郝姓族人是不是匈奴人的后代，从地理位置看非常有这种可能，但由于缺少族谱等文字材料记载，尚不能最终肯定。然而不管是清涧郝家山、郝家沟，还是绥德中角村的郝姓村民，无疑都是祖先迁移过来，逐步发展成大家族的。

2. 陕北胡氏家族

明王朝在今横山区设立了一些城堡，波罗堡和响水堡就是其中两个。响水堡如今不闻其名，但响水堡城址兴起的一个镇承袭了响水之名，叫响水镇。响水镇下辖一个小村——胡石畔村，村子的得名与村中第一大姓胡姓有关。提起这个胡姓得追溯到明代。

据胡氏家族世代相传及民间流传的故事说，明代陕北地广人稀，朝廷通过各种途径迁徙移民。明成化年间（公元 1465 年—公元 1487 年），朱元璋故里安徽有一对胡姓兄弟由庐州府迁来陕北，哥哥胡洋定居在当时的怀远县（今横山区）响水堡，弟弟定居在绥德县焦家渠。当时响水堡有一位军官也是安徽籍的，胡洋在这家军官家做总管。由于这位军官守边有功，朝廷给他赏赐了大片土地，一块是平邑堡东古庄梁的千亩沙湿地，另一块是响水堡南今胡楼村、胡家畔村、代洪湾一带的大片山地。军官退役后，回到了安徽故乡养老，把大片田地交给总管胡洋看管。军官回安徽后杳无音讯，胡洋将田地管理得井井有条。每年收获后，便派人将粮食和田租不远万里送到安徽主人家里。主人对胡洋的忠心大为感动，便将这两块田地送给了他。于是胡洋在今胡楼村安家落户，永久定居下来。至于胡家楼村名字的来源，据说是因为胡洋依山修挖窑洞，后随着人口不断增加，窑洞数量也日益增加，远远看去一排排像楼宇一样，再结合胡姓，取了个很形象的名字——胡家楼，流传至今。

胡家楼村窑洞

在胡楼村西有一个地方叫胡家畔，也因胡氏家族而得名。据说胡洋生有两子，长子叫胡守贵，次子叫胡守德。为了耕种便利，哥哥胡守贵迁到胡楼村西的柿子沟居住，因为村子旁的沟边全是石头，就给它取了一个形象的名字叫胡石畔。

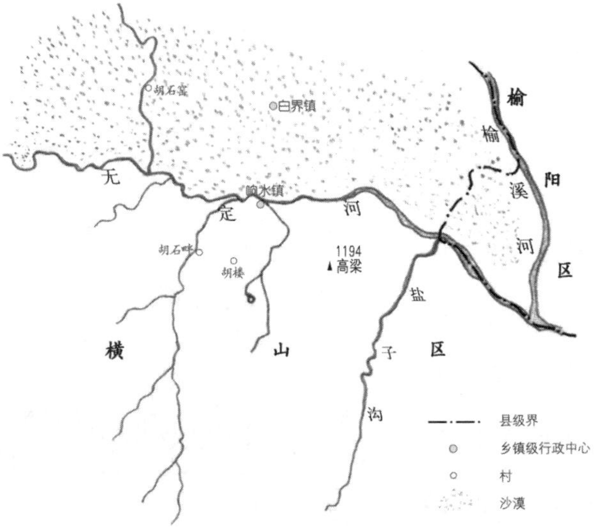

胡楼村、胡石畔、胡石窑位置图

在今天横山县白界乡有一个村子叫胡石窑村，这个村子得名也与胡楼村胡氏有关。据说清康熙年间，从胡楼村迁来胡孟岐、胡孟礼两兄弟和家人，到乾隆三年（公元 1738 年），突然老天连降暴雨，大雨形成洪水把今胡石窑村冲开了一条长 20 千米的大沙沟，沙沟中段还现出一座石畔。胡孟岐、胡孟礼兄弟二人带领家人，在沙沟开始修整田地，经过几代人坚持不懈地努力，开挖出大量肥沃的土地。他们还在石畔中开凿了大量的窑洞居住，这个地方因此被称为石窑村。时至今日，石窑村胡姓居民已经多达 400 多人。

随着人口的增加，胡氏族人不断外迁。据说在清代中期，胡楼村和胡石窖有部分胡氏族人陆续迁到柿子沟中游的代洪湾村和下游的排洪湾村。清嘉庆年间，胡楼村又一批胡氏族人迁到了响水村。到了民国年间，横山发生了特大旱灾，饿殍满地，瘟疫横行，为了躲避灾疫，胡楼村、胡石窖村的族人纷纷踏上了逃难的道路，一些人逃到了定边、靖边和安边。另一些人，跋山涉水，远离故土逃到了延安和山西，现在延安市的安塞、志丹等区县的胡姓就是此时迁来的，山西静乐县胡姓也是此次迁徙的结果。

3. 陕北杭氏家族

榆林榆阳有一个规模不大、时至今日仅有 400 人的家族。这个家族虽然规模不大，但很有来历，反映了明代陕北移民的另一种类型。

前面介绍了陕北移民的两种类型：一种是少数民族居民在陕北定居，逐步融合，形成一个新的姓氏；第二种是政府为了加强陕北边防，移民实边，迁徙山西等周边地区的人民定居陕北而发展成一个大家族。在这里，从南方迁徙来的移民也是陕北移民的一种类型，杭氏家族就是典型代表。

杭氏家族姓氏源远流长，《榆林日报》记者满孝永通过实地

大禹

调查和查找资料，列举出了杭氏家族姓氏来源的几种说法。其主流说具有传奇色彩：氏族社会时期，黄河经常泛滥，黄河沿岸的人民生灵涂炭。治水英雄大禹，采取疏导法，疏通了河道，将河水引入大海，从此黄河变害为利。大禹因为治水有功，备受人民爱戴，被推选为部落联盟首领。为了加强联系，他在会稽（今浙江绍兴）大会诸侯，因此在当地留下了许多船。后来大禹将会稽分封给了他的一个儿子，因为此地船多，所以建立的诸侯国名叫余航国（今浙江余杭）。余航国的人就以国号为姓，即姓航，后逐渐将“航”改为“杭”。这就是杭姓的一个来源。

另一说来源于春秋时期鲁国有个叫亢父的大夫。亢父是分封地名。亢父的后代，便继承了亢这个姓。

也有说法称，春秋时期卫国有一个大夫叫三伉，分封给他的城池也就被称为三伉，城池中的人因此以伉作为自己的姓。

在古代“亢”“伉”和“杭”可以相互借用，就发展成杭姓。

那么，远在余杭的杭氏是怎么来到陕北并定居于此的？这还得从明朝说起。在陕北有这样一个传说：杭氏家族以前居住在浙江余杭，和当地人一样以种田为生。但作为江南水乡，余杭水多地少，为了填饱肚子，当地人设法在河面上铺上蒲叶，再在上面铺上泥土，在泥土上种田。但蒲叶经常会漂走，村民便将蒲叶田用绳子固定在河岸，持续春播秋收，勉强度日。话说明隆庆年间（公元 1567 年—公元 1572 年）有一年，天灾不断，收成不好，他们实在缴不上赋税。官府前来逼税，收不上来，恼怒的官差便将固定蒲叶田的绳子割断，蒲叶田随水漂走，村民生存的依靠就这样荡然无存了。庆幸的是，时值朝廷在全国各地召集人移民北部边疆。杭氏家族听说那里地广人稀，有许多地可以耕种，便加入了移民陕北的大军中。他们刚到陕北时，定居在今郑家川的杭四沟，杭四沟之名由此流传至今。郑家川这个地方虽然不错，但它位于青云河川的河口，每当雨天便面临着洪水的威胁。杭氏家族作为南方人，对水灾的危害体会尤深，心有余悸，便搬迁到一个较小的河沟，从此定居下来。他们将该地称为杭庄村。由于杭氏家族生活安定下来，人口持续增长，有一部分人便搬迁到今古塔乡西部的一个地方定居下来。他们将这块土地也取名杭庄，从此便有了两个杭庄。人们为了将两个杭庄区分开来，将位于东边的青云镇杭庄称为东杭庄，将位于西边的古塔乡杭庄称为西杭庄。除了这两个地方的杭氏家族后人外，在今榆林市城北有一个叫红山村的小乡村也有姓杭的，他们也是从东杭庄迁移来的。

据记者满孝永说，杭姓后人杭虎旺讲述了红山村杭姓的来历。清末民国初年，杭虎旺的爷爷到榆林做将炭背到榆林城贩卖的营生。由于其诚实肯干，不久便发家致富了。杭虎旺的爷爷首先想到的是置办田地，他从榆林大户解振翔手上买来官井滩、古城滩 40 000 平方米土地耕种。新中国建立后，在农业合作化时期，老人家将这块土地给东杭庄的人管理耕种。三年自然灾害期间，东杭庄的土地不足以养活这么多的人，就有 18 户杭氏家族的族人自告奋勇搬到此地耕耘人生、描绘未来。由是，红山村杭姓人家枝繁叶茂，撑起一片天空。

杭姓家族的发展历程反映了我国古代人口搬迁的一个典型类型。

第三章 民俗天地

第一节 地理环境

陕北北部的榆林市地处陕甘宁蒙晋五省的交界地带，东临黄河与山西相望，西连宁夏、甘肃，北邻内蒙古，南接本省延安市。陕北南部的延安市东隔黄河与山西相望，西以子午岭为界与甘肃相临，南与关中平原毗邻。因此，陕北地区受多个地域的自然因素影响，在其民俗文化中保留着鲜明的地理特色。

秦始皇

陕北历史上又是多民族生存、争夺之地。早在夏商时期，北部兴起的少数民族就在陕北大地上繁衍生息，到了秦朝始皇时期，六合一统，此地生活的少数民族被秦朝强大的军事力量驱赶往黄河以北的草原地区，今榆林北部地区在当时被称为新秦中，以此来表明始皇开疆拓土的丰功伟绩。为了加强对此地的控制，秦始皇将太子扶苏派往新秦中镇守边疆。后来，扶苏被秦二世赐死埋葬于此地，今绥德县还有扶苏墓的遗址存在。

秦末，农民战争风起云涌，天下大乱，活跃于北方的少数民族匈奴，乘机进入陕北地区。汉武帝时期，随着国力的强盛，西汉政府对匈奴多次用兵，将此地再次夺回，并取名河南地，顾名思义即黄河以南的土地。西汉政府还移民实边，在此地大力发展农业。

东汉末年，天下又陷入混战之中。游牧的少数民族再次进入此地，当时有多个少数民族在此地活动过，史称“五胡乱华”。东晋时期，匈奴贵族赫连勃勃攻占了此地建立了大夏国，在今靖边县白城子建立了赫赫有名的统万城，这也是现所见的匈奴族唯一一个城池遗址。

到了隋唐时期，国家强大，中原民族和少数民族之间交流频繁。许多少数民族政权内附，为了加强对他们的监控和统治，同时也为了给他们营造一个良好的牧业生产环境。这些少数民族部落被安置在边塞宜农宜牧的地区，陕北地区当时就安置了许多少数民族的部落。

宋元明清等朝代，先后有党项族、蒙古族等少数民族在此地生活。他们与此地的汉族居民融合，定居下来。

党项族首领李元昊

陕北地区独特的地理位置及频繁的民族融合，形成了此地特有的居民构成。独特的居民构成，又影响着这里的文化和民俗。“多民族、多族源的民族构成特点，必然表现为文化上的多元继承、多元融合、多元发展的特点。所以，文化品格的多元性与文化类型的多样性也是陕北区域文化的一个重要特征”。民俗作为文化的构成部分，也必然受多元民族构成的影响，表现出多元民俗的特点。所以，大家现在所看到的陕北民俗既有大量的和全国各地相同的民俗，也有许多其他地方所没有的民俗。

宗教对民俗的影响也是一个方面。陕北地区自古是一个多民族、多宗教信仰并存的地区，历史上多个民族在这里生产、生活，尤其是明清以来，民间宗教信仰大发展，使得陕北尤其是地处草原文化与农耕文化交界地带的榆林地区的民俗与宗教信仰体现出多元的特征，即很多民俗与宗教信仰不是某一种文化作用的结果，而是在多种文化作用下形成的，同时也就体现了多种文化特征。民间宗教如佛教、道教以及西方宗教信仰以外还有特殊的民俗——拜火民俗。该民俗的形成已无从考证，只知道其与当地的民间宗教信仰活动结合起来进行崇拜，由来已久。传统节日与宗教活动相结合也是一重要特征，比如每年的春节、元宵节、端午节都会有大型的庙会活动，同时伴随着敬神、拜神活动。

第二节　多元民俗

2013 年 6 月，“统万城建城 1600 年国际学术研讨会” 召开，来自世界各地的学者发表了对统万城的研究成果。其中有来自匈牙利的几位学者认为参加此次学术会议是他们的寻根之旅。如前所述，统万城是匈奴领袖赫连勃勃建立的国都，当时陕北是匈奴人统治的中心地区，他们以陕北为根据地甚至一度攻占了长安。而今天的匈牙利，据说是匈奴的一支在汉军的军事打击下，被迫西迁，后定居于今匈牙利地区形成的一个国家。著名作家高建群说：“匈牙利人吹唢呐和剪纸的情形和中国陕北的一样，他们说话的尾音也与陕北口音很相似。”也就是说，陕北人的民俗中有许多匈奴人的元素。当然作为农牧交错带的陕北地区，从古代开始就是各民族活动的活跃地带，何止仅仅一个匈奴族。正是在诸多民族的共同影响下，形成了今天陕北地区独特的多元民俗。其民俗大致有以下特点。

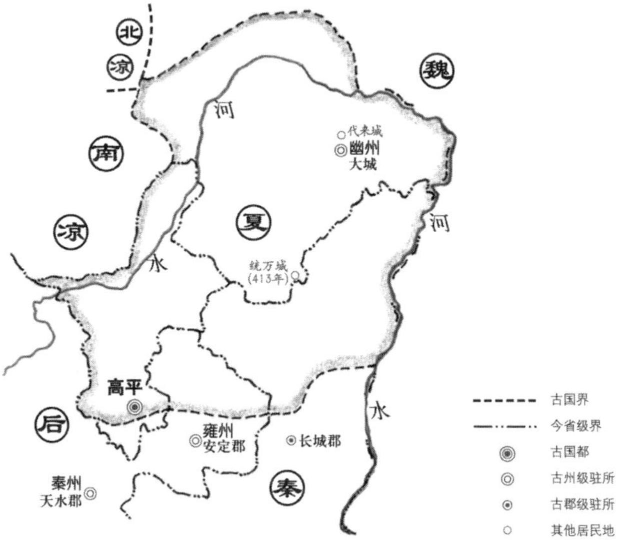

大夏国疆域

1. 崇尚武力和勇敢

陕北历史大舞台上演着多个游牧民族的精彩，这些民族大都英勇善战、崇尚武力。

匈奴王阿提拉

在尚武民族的影响下，陕北地区形成了尚武的传统。许多朝代的历史典籍中都有陕北人尚武的记载。如《隋书》说：“朔方榆林，地接边荒，多尚武节。”《宋书》也说陕北：“被边之地，以鞍马射猎为事。其人劲悍而质木。”宋代陕北榆林地区大部为西夏所有，《西夏记》也说：“人人习骑射，乐战斗，耐饥渴。其视冒石、锋刃、死阵，若谈笑然。”一直到明代以后地方志里也记载着陕北人尚武的特质，《延绥镇志》说：“榆林府，习弓马，好战斗。”还说：“俗骄悍，喜功利，习骑射，尚忠勇。”《神木县志》说："水甘土厚，风气冲和。密迩边陲，多喜射猎。"正因为陕北有尚武传统，陕北人英勇善战，在明军与蒙古骑兵作战屡屡失利的情况下，明政府往往征集被称为"吐蕃"的陕北人上阵与蒙古人厮杀，胜多败少，战绩很好。

时至今日，陕北人血管中依然流淌着尚武的血液，在日常生活中随处可以见到他们尚武的习性。据记载，陕北人和西班牙人一样有斗牛的情结，每当夕阳西下，村口归来的牛群会被一群年轻后生拦住，总有自恃力大的后生，在大家的鼓动下，将牛拦腰抱起……这与西班牙人的斗牛相比，英勇气概有过之而无不及。

20 世纪 80 年代前，陕北人热衷打猎，在陕北，猎狗一般不直接呼为狗，而是昵称"皮娃子"，也有直接以猎人名字来叫猎狗的，这就从一个侧面证明了狩猎在陕北人往日生活中的重要地位。更有甚者，获得猎物后，猎人不能独占，而是要分一部分给猎狗，据说人与狗对猎物要平均分配享用；对打猎过程中不同分工的狗，如用于放风的狗及参与撕咬的狗，还要奖励动物内脏。这些传统，都是草原游牧打猎民族遗留下来的传统。其实在古代，打猎并非简单为获取食物而进行的活动，有训练军队作战的目的。余秋雨在其著作《一个王朝的背影》里就记载了清兵入关，建立强大的大清帝国，四海升平。按说他们就该高枕无忧，安享富足悠闲的统治者生活了。但清朝统治者却在承德修建了木兰围场，专供皇家打猎之用。在打猎过程中，需排兵布阵，才能围捕猎物，这就是一种和平时代的军事演练。陕北人承袭祖先的打猎习俗，也隐约可见兵家的豪勇。

安塞的腰鼓驰名全国，当一群头戴白帕子、身穿皮坎肩的后生，背着腰鼓在飞扬的黄土地上尽情敲打时，观者仿佛步入古战场，那漫漫黄土，腾腾杀气，那“百十个腰鼓发出的沉重响声，碰撞在四野长着酸枣树的山崖上，山崖蓦然变成牛皮鼓面了，只听见隆隆，隆隆，隆隆……后生们的胳膊、腿、全身，有力地搏击着，疾速地搏击着，大起大落地搏击着”（刘成章《安塞腰鼓》），何其壮观哉。这些都是陕北人身上尚武习性的最好明证。

安塞腰鼓

2. 偏好白色

不管是腰鼓舞者还是走上舞台的陕北歌手，他们的装扮都充分体现了陕北元素——白色的帕帕头上戴，白色的羊皮坎肩，白色的裤子……这就是陕北人对颜色的选择，他们崇尚白色。

为什么陕北人崇尚白色？据研究者认为，可能与少数民族白狄崇尚白色有关。春秋时期，白狄是生活在陕北地区的主要少数民族之一，他们信奉萨满教。而萨满教中将青、赤、白、黑四种颜色象征为东、南、西、北四个方向。他们中各有喜欢的颜色，为了区分开来，便以颜色命名族群,有了赤狄、白狄等称呼。虽然时代在推进，经历了漫长的时光，但祖先崇尚白色的传统却一代代流传下来。

陕北人崇尚白色还与蒙古族有关。蒙古族所处的环境是一望无际的

陕北老农

蒙古白帐篷

草地和白色的羊群，抬头便是蓝蓝的天空和朵朵白云。蒙古草原处于高纬度，进入冬天较早，而一入冬便是皑皑白雪，白茫茫一片。又由于蒙古人住的帐篷是用毡毛织成的，草原缺少染料，毡毛一般不会染色处理，所以蒙古草原上都是清一色的白帐篷。正因为如此，蒙古人一直以来偏好白色。蒙古人在日常生活中敬神或迎接尊贵的客人，都如同藏族一样要敬献洁白的哈达。他们也十分看重白色的骆驼和马匹，认为是财富和吉祥的象征。在饮食方面，蒙古人流行吃“白席”，所谓吃“白席”一般是在丰收时节或战士凯旋时举行的庆祝宴会。“白席”顾名思义以白颜色的食物为主，奶酪、奶豆腐、奶茶等白色的食品被摆上桌，人们围坐一圈，共同分享幸福快乐。

在祖先留下来的崇尚白色的传统影响下，在相互交往及移居陕北的蒙古人的影响下，陕北人自然传承了崇尚白色的习俗，直至今天陕北人服饰仍保留许多白色的元素。

第三节　特色民俗

1. 转九曲

在陕北，不管是农历正月十五元宵节，还是在最神圣、最被当地人看重的祈龙王降雨降福的仪式——闹赛赛等活动中，都少不了转九曲。转九曲在当地有很多称呼，如“灯游会”“九曲灯”“转灯”等。据当地人讲，这是一种流传很久的社火。

每逢佳节时，村子中主事的人就会召集大家筹备转九曲活动。他们往往选择一块开阔、平坦的空场地作为灯会会场。会场的大小决定了灯会的规模，一般几个村子联合举行转九曲，通常选择面积较大的地方作为会场。据当地人介绍，大的会场可能会绵延好几里地。

会场中布置插灯的灯杆材料一般多选择高粱秆或细长的木棍。筹备好灯杆后，就开始制作灯。纸灯笼来源困难，陕北人别出心裁地找到了许多替代材料，他们将土豆、萝卜挖空里面倒上油，也有人将面团做成灯碗倒入油，放上捻子，再套上各种颜色的灯罩，插在灯杆上就成了一盏盏灯。

灯做好后，就开始布阵了。转九曲的布阵很有讲究，横排插 19 行灯，竖排插 19 行灯，各灯之间的距离要大体相等，布完的灯阵远远看去是一个方阵。方阵一共要用灯 365 盏，也有栽 361 盏或 367 盏的，但大体在 360 盏左右，寓意一年 365 天。在方阵中央布置一盏高高在上的主灯，在大的转九曲活动中，主灯的高度甚至达十几米，陕北人称之为“老杆”。老杆在转九曲阵中相当于帅，它指引着整个灯会活动。陕北人十分看重老

转九曲

杆，当地有一句民谚说："抱老杆，一百三。"说的是谁能转到中心位置，抱一抱老杆就能长命百岁。这显然是关于长寿的美好意愿，今人谁也不相信。但是，古风就是古风，每当有转九曲活动，当地人仍千方百计想抱一抱老杆。

那么为什么又叫转九曲呢？这得从灯阵的形状说起。居高临下端详灯阵，你会发现，其并非简单的方阵，而是一个非常复杂且变幻多端的阵中阵。整个灯阵可分成九个独立的小阵，据说，这九个独立的小方阵象征着金、木、水、火、土、日、月、罗睺、计都等几个星宿，所有小阵与大阵又环环相扣，形成小阵连大阵、大阵套小阵的格局，最终形成浑然一体的转九曲方阵。远远望去极像九曲黄河的形状，九曲方阵由此得名。

夜幕降临，转九曲活动开始。各家各户汇聚到灯阵场地，排好队，继之在吹鼓手、旗手、道士、会首的带领下，在灯阵中按规定的路线兴冲冲、乐悠悠游走。在许多陕北人的心目中，转九曲阵祈福非常灵验。所以，不少未婚的年轻人或婚后未育的年轻人就在灯阵中的灯笼上下功夫，当地还有一个讲究，他们可以在转九曲的时候"偷"一盏灯。明白了偷灯这一习俗，在转九曲过程中，如果你看到有人悄然拿走一盏灯笼也就不会再惊讶了。人们往往将"偷"回的灯挂在自家门口，据说这样可以保佑家中没有参加灯会的人一年平平安安。未育女子偷回一盏灯，在陕北人看来也就等于“偷”了一个孩子回家，而且所偷灯的颜色决定着孩子的性别，据当地人说，如果偷回一盏红灯，意味着会生一个男孩，偷回一盏绿灯，意味着会生一个女孩。

转九曲作为当地独特的文化传统，代代相传，年年上演，充分体现了陕北人面对当地靠天吃饭的自然环境，期盼一年能够风调雨顺、平安如意的美好愿望，诚属当地特殊环境下人们特有的思想认识、精神寄托。

2. 祈雨

陕北地区降水量不足，更令人熬煎的是，贵如油的雨水又往往集中在夏秋之际，而春夏之交，当庄稼正需要大量水分时，连续的干旱天气，却使庄稼面临绝收的危险。所以，年年一到春夏之交，在陕北大地的许多村庄，都要举行隆重的祈雨仪式，祈求上苍赐予甘露，保障丰收。陕北人祈雨活动类型很多，其中最古老也最著名的祈雨活动被称为“闹赛赛”。

闹赛赛祭拜的神是龙王。按传统，在祭拜龙王前半个月，陕北村庄中的男女老少便开始忙活了，在总领和会首的安排下，人们开始请戏，贴各种标语，搭戏台，为了表示隆重，还往往在村口扎起一道彩门。家家户户也不闲着，纷纷洒扫庭院和窑洞，还如同过年一样在门上贴从道观中请来的神符，村民们将这一仪式看得特别重，将过年的衣服穿上，妇女们披红戴绿，以此来迎接龙王的到来。进入阴历三月份，当大地冰释，犁铧翻开土壤，一粒粒希望的种子播撒后，陕北人便利用农闲时节，隆重地祭拜龙王了。于是，男人们扛起祖祖辈辈流传下来的红色龙轿，翻山越岭，走乡入村……

祭龙王，献龙王，龙王来了，风调雨顺有余粮。

村民一大早就出门前往祈雨仪式道场集合，万人空巷，祈雨道场热闹非凡。村里选出的十来位德高望重的长者，手持行令、宝伞和大旗侍立坛场左右，村里从当地最有名的道教圣地白云观延请的道士在坛场上做法事。村中请来的吹鼓手也大显身手，鼓乐齐鸣，为祈雨仪式增添了既庄严肃穆又热闹非凡的气氛。

龙王

在迎龙王祈雨的过程中，自古至今留下了许多禁忌。陕北人平时喜欢吃肉食，但在迎龙王过程中，为了表示对龙王的崇敬，只能吃素不能吃荤。制作食物也不能使用葱、姜、蒜等带有刺激气味的蔬菜。说话更有讲究，严禁不吉利词语，以免冲撞龙王，影响祈雨结果。在日常生活方面，夫妻不能同房等。总之，诚心敬神，盼神早佑护。

为了增加氛围，村子里在筹备阶段便请来了说书艺人和戏班，在祈雨过程中，说书和唱大戏同时进行，热闹非凡。说书和唱大戏的内容并不是随意而定的，一般都是反映神话传说的故事，《西游记》《封神榜》中多有龙王精彩表现，是说书人必须表演的节目；《天仙配》《福禄寿》都是神仙的故事，也是戏曲节目必演的曲目。人们在庄严的敬神、祈雨过程中，也享受着热闹的氛围，在孩子和年轻人的眼中，闹赛赛不啻为一场热闹的大聚会。当然，在祈雨阶段，还要举行当地人既重视又喜欢的转九曲活动，且格外隆重。

请龙王贵在诚意，村里将早就准备好的牛羊、美酒佳肴、四时果品及花馍恭恭敬敬地献给龙王，是祈雨活动的一个重要环节。其中祭羊历史尤为久长。据《府谷县志》记载，二月二日为“开庙门”节，当地的传统是将羊祭献给龙王庙，此传统一直流传至今。在筹备祈雨活动之前，村子里便将最大最肥的羊准备好，作为祭拜龙王的主祭品。在祭祀之前，必须给这些羊喂最鲜美的青草，让它们饱餐一顿。这时龙王像前已经摆好了香案，陈列着黑豆、红豆、小米等五谷杂粮和五只大碗，里面斟满了自酿的农家烈酒。人们簇拥着将祭献的羊赶到香案前，举行祭拜仪式。首先是水领生仪式，人们将冷水洒在羊身上，羊受到冷水的刺激，会不住打激灵，抖动身子，将水洒落一地，这就是水领生。它预示着雨水充足，未来几天必然降雨。接下来是酒领生，负责祭祀的会首们，将羊耳朵用嘴咬破，让羊血滴入几只盛满酒的大碗中，如果血在酒中迅速扩散开来，表明大吉大利；如果羊血迟迟不散开，表明接下来会有不好的事情发生。酒领生完成后，负责祭祀的会首会将黄表纸蘸上带血的酒点燃，再抓起案上的五谷杂粮抛向空中，以此来祭献龙王。

丰盛的祭品进献后，就要直奔主题，询问龙王的意见。当然，不是所有人都有资格同龙王对话，只有村里德高望重的老者，才会被选为会首，肩负着与龙王进行对话的重任。他们神情严肃地跪拜在龙王膝下，向龙王一遍一遍询问，同时将乡民的愿望传达给龙王。据说这样就能让龙王实现乡亲们的愿望。接下来，人们便将祭祀的羊宰杀，将羊血、羊心等熬制成一锅羊杂，大家分食。羊肉则带回村子，平均分配给各家各户，整个祭祀活动也就结束了。

旱情严重时，陕北有些地区祈雨活动要从春播时断时续至秋收。

陕北民间祈雨风俗

迎龙王的历史十分悠久，传说在唐代贞观年间，发生了旱灾，赤地千里，百姓生活在水深火热之中。为了度过旱灾，救民于水火，唐太宗派使者遍访三山五岳，寻找能祈雨的神人异士。其中节度使姚简在武当山五龙峰遇到几位鹤发童颜的老者，他们自称是龙王，并说由于使者们不辞辛劳为百姓祈雨，感动了玉皇大帝。玉帝专门派他们下来降甘露，解救黎民百姓。话音刚落，雷声大作，大雨随之而至，给干涸已久的田地送来了沉甸甸的丰收。事后，各地为了纪念龙王的功绩，纷纷建起了龙王庙，尤其是干旱少雨、靠天吃饭的陕北、山西等地龙王庙修建尤为突出。今陕北地区许多道教庙宇也都建有龙王庙。

3. 婚俗

（1）婚礼中的鸡

据说在延安南部有这样一个婚俗，当媒妁之言说定后，定亲时男方要带两只鸡去女方家，双方订婚并商定结婚的日期。娶亲时，男方同样也要带一只公鸡和一只母鸡，这两只鸡会随着新婚夫妇被送入洞房，并在洞房中度过一夜。这究竟是怎么回事？

其实，延安南部地区的婚礼习俗与我国古代的婚礼习俗有异曲同工之妙。据《仪礼·士婚礼》记载，我国古代士阶层结婚有一套较为繁琐的程序。其分为六步，第一步是纳采，就是男方派媒人到女方家提亲，看对方对这门婚姻的看法，如果得到女方的同意，媒人要送上雁作为正式求婚的礼物。第二步是问名，就是女方答应这门婚事后，媒人带着雁再次登门拜访，问清楚女方的姓名及生辰八字，算一算男女的生辰八字是不是合，如果八字不合，表明这门婚姻不会有好结果，结婚之事也就此打住。第三步是纳吉，就是男方算得男女八字很合，再让媒人带着雁到女方家，报告女方双方生辰八字很合，可以确定婚姻关系。第四步是纳徵，即男方给女方下聘礼，以此来确定双方的婚姻关系。第五步是请期，就是男方送完聘礼后，开始着手筹备婚礼，首先找算命先生选定一个良辰吉日作为结婚的日期，并让媒人带着雁把这一日期告诉女方。第六步是亲迎，也就是迎亲，新郎带着迎亲队伍，在婚夜前往女方家迎亲，并且需要带上雁。到了女方家里，新娘的父亲出来迎接，新郎献上雁，并向新娘父亲行礼，礼毕放下雁去见新娘，迎接新娘回家。由婚礼程序可以看到，在婚礼的六个过程中，除了送聘礼不需要雁外，其他程序雁是必不可少的物件。

研究者们认为,古人婚礼中用雁是由雁的特殊习性决定的。雁就是大雁、鸿雁，一种候鸟。雁非常遵守自然规律，在婚礼过程中用雁就是象征男大当婚、女大当嫁的这一规律。另外大雁在迁徙过程中排着整齐的队伍，很有纪律性，一般年岁较大和身体强壮的排在前面，作为领头雁，身体较弱的小雁排在后面。婚礼中用雁，也是教导将要入门的新娘嫁入夫家后要遵守长幼有序的传统，同时象征着婚礼要按六个程序的步骤逐步进行，如果不按程序就不合乎规矩。另外在古人眼中，大雁具有忠贞不贰的性格，元好问的《摸鱼儿·雁丘词》写道：“问世间情为何物，直教生死相许。天南地北双飞客，老翅几回寒暑……”道尽了大雁矢志不渝的情怀。因此，古人用雁的最终目的是教导一对新人要如同大雁一样双栖双飞，忠贞不渝。

延安南部结婚过程中定亲及迎亲过程中的用鸡，与古代的婚礼用雁习俗非常相近，据一些研究者认为，婚礼用鸡是古代婚礼用大雁的一种继承和发展。研究者认为，中国古代早期婚礼是用雁的，但雁毕竟不是家禽，除部分地区较为普遍外，大部分地区很少见，不容易得到，于是人们就想出用家禽鹅来代替大雁。原因在于，鹅本身就是大雁驯化来的家禽，鹅与雁一样都是一生只有一个配偶，十分忠贞，所以被选来代替大雁。据说朝鲜人受中国古代传统的影响，现在婚礼中仍然有男方给女方家送去一只白鹅的习俗。

婚礼用鸡的时间要晚得多，目前发现最早的记载应该从宋代开始，《宋史·礼志》说："宋诸王纳妃，赐嫁白银万两……士庶人无雁奠者，三舍生听羊，庶人听以雉及鸡鹜代。"是说到了宋代皇家的婚礼仍然用雁，而普通人家由于得不到大雁，开始用鸡来代替大雁。古代人之所以用鸡代替大雁，主要原因在于鸡是一种非常守时的家禽，到了一定时刻就开始打鸣，正因鸡非常守时，古人就用"鸡鸣"表示夜半以后的那个时辰，鸡刚好代表了大雁到一定时间就会迁徙的时间性。当然，除了鸡符合大雁的守时性外，为什么一些地方如陕北用鸡代替了鹅？鹅虽然也是家禽，但在水中生活成长，而我国北方缺水也缺少鹅，鸡由于适应环境的能力极强，在全国各地都有分布且体形也接近鹅，因此中国北方地区婚礼普遍用鸡。陕北延安南部婚礼用鸡正是北方这种传统的继承。

（2）婚礼中的毛驴

随着现代交通的发达，用牲畜做交通工具的情况越来越少，但昔日陕北人出行，穷人要靠两条腿走遍沟沟岭岭，有钱人则骑着毛驴出行。结婚是人生大事，有没有钱都要讲究排场、体面，所以陕北人昔日的接亲仪式中大都少不了毛驴，它是将新娘接回家的交通工具。

陕北畜牧业较发达，并不缺乏马，结婚迎亲用马多上档次、多排场，为什么要用毛驴？这得说说毛驴的特性。毛驴虽个头比马小，但结实，体形匀称，四肢有力，蹄质坚硬，适合走比较坚硬难走的坡道。陕北地区是黄土高原，到处是塬、梁、沟、峁，道路崎岖不平，马走起来相当吃力，驴走起来就没有问题。另外，毛驴适应性强，在艰苦的环境下也不会生病，耐力好，且驯服听话，在陕北更适合饲养。陕北的民歌中有赞美毛驴的：

高骡子大马叫得欢，
耐不过灰毛驴滚沙滩。
敢闯九曲十八湾的黄河也不算，
敢走那鹰不飞羊不踩的荒沙滩才是好汉。

正因为如此，陕北人与毛驴结下了不解之缘，家里人生病了，用毛驴驮着送医院、找郎中；耕种拉犁使用毛驴；上街赶集，更是离不开毛驴；家里人去世了，也不用叫人抬，用两头毛驴拉着棺木，穿过沟沟岭岭去安葬……当然，结婚这么大的事情更是离不开毛驴。

陕北山大沟深，有时候要走上五六十里路娶新娘子。路途遥远难行，迎亲的队伍早早就在吹鼓手的演奏中出发了，吹鼓手开道，新郎骑上毛驴走在迎亲队伍的前头，这叫压马。迎亲队伍浩浩荡荡踏得山沟里黄土飞扬,高亢的唢呐声在山谷里回荡。

旧时的陕北嫁娶，除了男家迎亲需要用毛驴，女家送女也必须用毛驴。两家迎送队伍的毛驴排成一串，驴头上戴着堆花，脖子上套着串铃，迎送双方的男女骑在驴背上，拥戴着红袄袄红裤裤红盖头骑在驴背上的新媳妇。人们一字排开，在唢呐声的引导下，铜串铃从山道上一路响来，

陕北毛驴娶亲

崖畔畔、山梁梁，到处都有看热闹的人群。

（3）婚礼中的红枣

红枣在陕北人的生活中具有重大意义。在延安南部地区一些地方结婚流行“拉枣枝”仪式。清光绪三十三年（公元1907年），姜献琛在他的《洛川乡土志》中说：“新妇下轿，即在枣枝上栽核桃大枣面兔，扫帚上栽纸花，名为拉花头。”当时这一仪式又被称为拉花头。

洛川县拉枣枝仪式大概如下，从迎亲队伍将新娘迎接回来，新娘下轿，拉枣枝仪式便开始了。拉枣枝的执行人一般是由新郎的姐夫或姑父中口齿伶俐、能言善辩者担任。当鞭炮响过，拉枣枝者就手持上面栽着核桃、大枣、面兔的枣枝，引领着新人入室拜堂，在引领过程中拉枣枝者必须吟唱《拉枣枝歌》，歌曲虽然有固定的歌词，但由不同人口中唱出韵味却不同；另外一些才思敏捷、口齿伶俐的拉枣枝者会根据现场场景编一些应景的歌词，因此这些地方的人前来参观婚礼，不仅仅是来看漂亮的新娘子，更重要的是来观赏拉枣枝仪式的，当拉枣枝者唱出绝妙的词句时，会赢得一阵阵热烈的掌声。

拉枣枝仪式结束后，枣枝会被放进洞房的一角，新婚后，在清扫房屋时，枣枝也不能随便挪动，直到新婚后百天才能拿出洞房。为什么拉枣枝仪式如此受重视？因为枣枝上栽的物品都有很好的象征意义，据记载，其中面兔象征小两口聪明伶俐如同活泼的小兔；核桃是洛川方言咕叨（吵架）的谐音，《拉枣枝歌》有“枣子头上栽核桃，小两口见面不咕叨”之说，意喻夫妻和睦相处，少生矛盾；大枣，“枣”与“早”同音，有公婆期盼早生贵子之意，而扫帚则有驱恶避邪之说。

拉枣枝

《拉枣枝歌》的歌词也很有意思，它开头部分是这样的：

桌子翻过腿朝天，
红布蓝布围一圈。
红顶子，绿绰檐，
轿穗子，裤腿子翻，
桌子圪塄入麦秸，

麦秸上头铺棉毡，
竹子杆，绑两边，
四个轿夫抬得欢，
走一岭，转一弯，
苏玲响，马叫唤，
不知不觉到门前……

在延安人的观念中，核桃与红枣分别代表儿女。如在拉枣枝仪式的过程中，自新郎进入洞房，会绕着炕头走一圈，延安人称之为踩“四角”。在新郎踩“四角”的时候，拉枣枝的执行人会嘴里吟唱：“上了炕，踩四角，儿女跟下一大伙。”踩“四角”怎么又与儿女联系在了一起？原来，婆婆为了早日抱上孙子，会提前在新房的炕席下面撒上大量的核桃和红枣，新郎绕着炕走，就是绕着儿女走。炕席下的核桃红枣会一直躺在新郎新娘身下，直到新娘回门去，婆婆会将炕席下的核桃红枣取出来，再放进新娘的衣柜中，口中还念念有词：“一搅两搅，儿多女少。”

延安安塞一带也有类似的婚俗，据记载，此地人讲究新婚之夜当新郎新娘双双入睡后，公公婆婆拿出事先准备好的核桃、红枣和染上红点的白馍馍，从窗户往新房中扔，边扔边念叨：“双双核桃双双枣，双双儿女来得早。男掐个核桃女掐个枣，双双儿女满炕跑。坐下一板凳，站着一格楞。”“格楞”在陕北就是一堆的意思，公公婆婆是希望儿子儿媳能够很快儿女满堂。陕北民俗研究者认为，男孩的睾丸形状像核桃，因此陕北人把男子睾丸比作核桃，平时总听到一些骂人的话：“你还在核桃树下乘凉。”意思是骂对方还没有出生；而红枣被切开后，剖面很像女性的生殖器，因此陕北人将红枣比作女孩。这就是陕北婚俗中必须用核桃和枣的原因了。

（4）婚礼中的“抹黑”

陕西农村喜庆的不仅仅是结婚仪式的浓重热闹，更重要的是在结婚这一天要给公公、婆婆画大花脸，人们都围着他们哄闹，看热闹。画大花脸在三秦大地很普遍，关中和陕南都是用红红绿绿的颜料将公公婆婆脸上画得红一片、绿一片，就如同唱戏的演员画的脸谱一样。为了衬托喜庆气氛，人们还找来大红的戏装让公公婆婆穿上，头上还戴上凤冠霞帔，非常喜庆。

陕北画大花脸与关中和陕南不同，一般不用大红大绿的颜料，而是用黑色的颜料或锅底灰将公公婆婆的脸抹成漆黑一片，抹黑者一般都是新郎家的近亲。在抹黑的过程中，大家嘻嘻哈哈、打打闹闹，自然引人发笑。

其实结婚抹黑在我国很多地方都流行，北方的河北、山东等省到南方的福建等省，大都有此习俗。

有学者研究认为，脸上抹黑的习俗最早是给新郎或者新娘用的。其主要原因可能有以下几个：

其一，可能出自对火神的崇拜。小两口结婚都希望日子过得红红火火、和和美美，所以很早以前人们娶亲时，要点上火把，祝愿生活美满。在点火把的过程中未免脸上会抹上炭黑。传到后来，大家干脆不打火把，只将脸抹黑。

其二，源自古代的抢婚习俗。在我国古代许多地方都流行抢婚习俗，经常会发生俊俏的新娘在迎亲路上被抢的事情。为了避免新娘被抢，亲友在迎亲前给新娘脸上抹上黑色，从而看不清新娘的面目，被抢的概率就大大降低了。

陕北坡大沟深，荒漠面积也不小，昔日大量土匪出没其间。据记载，20 世纪 30 年代，陕西境内匪患猖獗，榆林地区匪患更严重，千人以上的土匪有杨猴小带领的土匪，百人以上的有张庭芝、高怀雄等人带领的土匪，当时信天游就唱道："……十月里来天气寒，杨猴小队伍下了山，断得个老百姓钻老山，咱们的红军来到了，人人都喜欢。"因此，哪家娶亲时如果大吹大擂，新娘子又长得漂亮，就很有可能被土匪瞄上，抢进匪窝当压寨夫人。因此，有人就想办法了，将新娘子的脸用煤灰涂黑，让瞭望的土匪失望。

时值今日，匪患一去不复返了，但陕北人代代相传的抹黑婚俗却一直保留着。它成为烘托婚礼喜庆气氛的一个重要手段。

（5）公公背儿媳

公公背儿媳的风俗在全国许多地区都流行，它是人们为了寻求婚礼的喜庆，特别编排的活动。在中国这个具有5000年文明的国度里，人们对人伦关系非常看重，特别是长辈与后辈之间的人伦关系。因此，人们就在婚礼中，反其道行事，偏拿人伦关系中最敏感的公公与儿媳来开各种玩笑，以达到日常生活中没有的爆笑效果。

在陕西，婚礼中公公背儿媳习俗最浓厚的地区当属陕南地区，陕北地区的佳县也有此风俗，两地细节有一些出入，反映出两地不同的文化。在陕南，一般公公、婆婆不出门迎接新媳妇，但当新媳妇到了婆家院子里，公公背媳妇的节目便上演了。在一帮年轻人的策划下，公公被画上了大花脸，身穿戏袍，头戴戏帽，再配上奇奇怪怪的装束，看着就令人忍俊不禁，据说有些地方给公公胸前挂一个盛满奶的奶瓶，给婆婆腰间挂一杆旱烟及烟袋。新媳妇到来后，在村里小年轻的簇拥下，公公婆婆粉墨登场，在人们的呐喊声中，公公背起儿媳妇在院子里一圈一圈走，直到大家尽兴为止。

公公背儿媳

在陕北佳县，公公背儿媳的风俗也相当浓厚。当接亲队伍出发去女方家，男方家就忙活开了。村中的后生们，在一位年长者的带领下开始给公公婆婆“化妆”，给他们涂上大花脸自不必说，还给他们穿上代表吉祥喜庆的红红的戏服，戴上纱帽。装扮一新的公公婆婆在后生的起哄声中，被簇拥到村口。当然，在村口接媳妇不光是公公婆婆，陕北人都十分擅长扭秧歌，在热闹的婚礼中怎么能少了秧歌助兴？一群拿着扭秧歌道具的村民也跟随公公婆婆来到村口。当热闹的迎亲车队到来时，村口霎时沸腾起来，后生忙着放鞭炮，秧歌队在鼓乐声中载歌载舞，一帮后生拥着公公挡住了迎亲队伍。这时，媳妇必须下车，在人们的哄笑声中，公公背起媳妇向家走去。公公背媳妇的过程并非一帆风顺，后生们有时故意簇拥着向前，有时还将公公向后拉，总之不乐够，肯定不会让公公将媳妇轻易背回去。

有的村子村口离村子比较远，在嬉闹中，公公一人很难完成这一光荣而艰巨的任务，此时就有人拉来公公的兄弟也就是所谓的二公公来背，有时也会拉来新郎的姑父、姐夫、哥哥等较近的亲属来完成背新娘的任务。

为什么会出现公公背新娘的习俗？其实这一习俗在少数民族地区较为多见，据说广西桂林的壮族也有背新娘的习俗。在新婚当天，当迎亲队伍到来，新娘一般不自己走出来，而是由一位父母健在、子女双全的男子将新娘背出娘家门，有时也由新娘的父亲将新娘背出门。在背新娘出门时，新娘要脱掉鞋子，出门后才能穿上，据说这表明新娘脚印已经出门，出嫁后心会一直向着夫家；同时也为了表明新娘不愿意出嫁，是让人背着走的这一意思。陕北佳县地区公公背新娘的传统不知与此传统有无关系。据《榆林日报》记者采访佳县相关人员得知，佳县的公公背儿媳是从一河之隔的山西临县传过来的，应该是对外来风俗的嫁接。

4. 陕北人对火的崇拜

（1）火塔塔与大年夜

中华民族有大年夜守岁的传统，在北方，许多地方天气寒冷，一家人围坐在篝火旁边，边吃边喝，边聊着家常守岁，十分普遍，随着时代的发展，现在守夜又增加了看春晚的内容。陕北地区的许多人家到大年三十这一天也会点起一堆篝火，不过是在院子里架篝火。陕北以煤炭和石油出产巨大而闻名，院子里架起的篝火少不了煤。除了煤之外，将煤引燃的木柴也不少。一到夜幕降临，家家户户都将院子里的篝火点燃，远远望去，每家门前红红火火一片，充满了温暖、祥和的气氛。

然而，陕北人年三十在院子里点篝火并非为了取暖。大家可能会问，那陕北人靠什么取暖驱散寒冷？陕北人家家户户都有一个土炕，每天晚上人们将炕烧得暖暖的，坐在炕上吃饭、聊天，暖暖和和的，还没有烟熏火燎的感觉，比烤火舒服多了。那陕北人在院子中点这一堆篝火究竟干什么？据老人说，在很久很久之前，在陕北大地上有一个恶神，它伙同其他恶神危害人间，百姓到了过年时都不得安生。为了救民于水火，门神和灶神向托塔李天王借来了宝塔，将这些恶神降服。此后，人们为了纪念这一事件，便在春节时在院子里用木柴和煤炭垒成宝塔并点燃，让凶神恶煞远远避开，这种塔状的火堆被当地人形象地称为“火塔塔”。这虽然只是一个传说，但也从一个侧面说明了陕北火塔塔习俗由来已久。据《安定县志》卷八记载：“除夕，年终日。聚石炭作幢塔状，燃于院中。”

火塔塔

陕北人对火塔塔非常讲究，一定要将它垒得非常厚实，这样才能保证火塔塔能燃烧到第二天早上，因为陕北人的观念中，如果火塔塔中途熄灭预示着来年不会交好运，不会吉祥安乐。

（2）爆六甲与小年夜

除了大年夜要在院子里生一堆火外，当地人认为正月初六是小年，小年夜里同样要在院子里生一堆火。陕北人所说的小年与众所周知的腊月二十三不同，腊月二十三的小年是人们祭祀灶神的日子，家家户户要筹备丰盛的贡品进献灶神。

按照陕北当地人的说法，大年夜过的是鬼年，鬼年持续到初六，初六之后就轮到给人过年了。人过的年是小年。初六的晚上，人们也要在院子里生旺一大堆火，象征着来年红红火火。陕北有些地方还有往火堆中扔豆子的习俗，豆子在火中被烧得哔哔啪啪作响，这被称为是“爆六甲”。“爆六甲”在明代编的《延绥镇志》中就有记载：“六日：炒黑豆，撒于房壁，名爆六甲。”现代只是把这种形式简化了一些而已。

（3）元宵节的火塔塔

到了正月十五元宵节，陕北人又开始点上火塔塔。前面已经讲过，陕北人在正月十五元宵灯节期间，最隆重的节目是转九曲，除了九曲阵用灯火布置外，陕北人还不忘了在自家院子里再垒上一座火塔塔。这时人们都争相将火塔塔垒得尽可能高，火塔塔垒得越高来年就会越吉祥如意，据说最高的火塔塔可以垒到三米多高。除了私人家里垒火塔塔外，在一些公用场地也会垒上高高的火塔塔。据说在榆林市广场上每年正月十五会运来大量的煤块，搭成一座巨型的火塔塔，一到晚上各种娱乐节目围着火塔塔表演，人们聚集在广场上既观赏节目又观看火塔塔，热闹非凡。

（4）火与驱病

在中国大部分地区正月十六都有“走百病”的习俗。这一天，妇女们穿戴一新，纷纷走出家门，到野外走一走，甚至走到半夜，据说这样可以祛除一年中的疾病，让人保持青春活力。陕北人在这一天会用独特的方式“燎百病”，或者在正月二十三日“炼痯”。

什么是“燎百病”？正月十六夜幕降临，陕北人家家户户院子里都要燃起一堆火，远远看去红彤彤一片，蔚为壮观。这火不是为了祭神的，也不是为了祈福的，而是人们用来驱病的。当火堆烧得最旺时，家人就都站在火堆边，从长到幼依次跨过火堆，就连不能自己行走的婴儿也要由大人抱着跨过火堆，这种仪式按陕北人的说法叫“燎一燎”。“燎一燎”的人在跨火堆时嘴里不停地念叨：“燎百病，燎干净，满年四季不生病。”燎完了人，还要燎家里的牲畜，猪呀、狗呀、牛呀、羊呀……也要在火尖上燎一燎。“燎一燎”的灰烬不能随意堆放，要找个沟渠或池塘撒进去，这被称之为“送百病”。“燎百病”习俗在清道光八年刻本《清涧县志》中就有记载：“十六日夜，燃薪于室，命小儿跨而过之，名曰‘散百病’。”那时，篝火是在屋内，跨过篝火的是未成年的小孩，随着时间的推移，不但将篝火放

燎百病

置在院子里，而且家中所有人及牲畜都要“燎百病”。

到了正月十八日，又到了一个用火的关键日子。据民国年间铅印的《清涧县志》记载：“十七日夜，以残炬烧火中，送出道旁，谓之‘送蚰蜒’。”蚰蜒就是蜈蚣，它是北方地区横行的五种毒虫之一，除蚰蜒外，蝎子、壁虎、蟾蜍、蛇都有毒，对人畜会造成威胁，因此大家祈求这些东西越少越好。在正月十八日（《安塞县志》记为正月十七日）会再次点起一大堆篝火，认为通过这一堆大火一烧，会将地下的毒虫都烧死。至篝火烧尽，人们会端着灰烬在屋子的各个角落走一圈，然后将灰烬送走，边走边说：“送蝎子，送蚰蜒，送的一年不害红眼。送离身，带离身，送到十字路口不伤人。”人们认为这样便将自家附近所有的毒虫都送走了。

什么是“炼疳”？到了正月二十三日，家家户户还要在门口点一堆篝火。这一传统习俗流行时间也较早，明代所编《延绥镇志》上说："二十三日夜，聚猪羊杂骨烧之。名曰炼干。"民国十四年铅印的《安塞县志》中也说："二十三日夜，家家院内打火，又淋搌布水于火上，谓之'炼干'。"这里的干就是"疳"。据说疳是一种非常顽固的病毒，只有用大火燎才能将它消灭干净。炼疳在西北地区广为流行，不光陕北地区有，宁夏、甘肃、山西等地都有类似的活动。

正月二十三是年的最后一天，这一天人们首先要送灶神上天。送完灶神后，家家户户全体出动开始炼疳，人们把家中最硬、最熬火的木柴找来，架成一堆，有人甚至将喜鹊窝用竹竿戳下来放到火中来炼疳。当一堆大火燃尽，人们便在火红的灰堆上来来回回跨三次，还把家里的锅碗瓢盆、菜刀、擀面杖拿出来在火上烤一烤。据说，通过这一燎，就能将人身上和生活用品上的所有疳都消灭干净，然后就能干干净净、轻轻松松过日子了。

到了二月二龙抬头的时候，人们还会点上火。据说在二月一日夜幕降临之时，榆林的清涧、子洲等地会举办龙眼会。人们会举家出动聚集到村里最高的地方。天黑后，男人们会集中在龙王庙前，手举火把和写着东南西北中的彩色旗子，敲锣打鼓到最高的地方。他们将五色旗按方位插在各自的地方，然后集体跪拜，祈求来年龙王显灵，风调雨顺。在跪拜中，人们还要祈求来年“瘟疫远离，百病不生”。

火与陕北人结下了不解之缘，人们祈求风调雨顺需要火，人们祈祷来年吉祥如意需要火，连驱除妖魔鬼怪、疾病瘟疫都需要火，火俨然成为陕北人的保护神。那么陕北人为什么对火如此崇敬？

火不仅能烤熟食物，而且能够驱赶豺狼虎豹。祖先为火强大的功能所震慑，开始崇敬火，用各种活动来纪念火。时至今日，我国白族、彝族等少数民族还每年举行一次盛大的火把节，就是最好的例证。欧洲也有对火的崇拜，英国学者弗雷泽在《金枝》一书中谈到欧洲人对火的崇拜：点燃大堆篝火从火上跳，赶着牲口从火中绕行，这种风俗实际上遍及欧洲；手持火炬围着田地、果园、草场或者畜棚游行或赛跑，这些做法也遍及全欧。人们从一年中任何时间、任何地方的篝火中得到的利益也是类似的。不论是用固定的杆子点火也好，或是拿着火把到处走也好，或是从将熄的篝火中取出炭火也好，人们都认为火不仅有利于庄稼生长、人畜兴旺，而且可以消除威胁人们的雷电、火灾、虫灾、减产、疾病等等。

陕北人对火的崇敬还来自我国古代西北少数民族的一些习俗。陕北古代是中原政权的边疆，多个少数民族在此与汉族融合，将他们对火的崇敬习俗也传递给了当地人。据学者研究，在6世纪中叶，东罗马的一个使臣叫蔡马库斯出使西突厥，结果在汗庭前被一群突厥人围住，这群突厥人“手持香者，火势熊熊，来往绕走，状类疯狂，指天画地，几若魔鬼诚被其驱逐者。咒既诘毕，乃请蔡马库斯经过两火间，其人亦自皆陆续走过两火间，谓如是，则妖魔悉可洗净也”。突厥人认为火有驱魔的强大功能，对火非常崇敬，火神被他们看成是保佑一家老小和看护家里厨灶的“家婆”。他们这些观念也就传递给了陕北人。

突厥人

5. 陕北人与羊

如果你和陕北人谈起羊，他们分外热情，总是滔滔不绝，如数家珍。在陕北，羊不仅仅是供人乳肉之用的家畜，它已融入陕北人生活的方方面面，与陕北人日常生活息息相关。

乾隆朝编修的《府谷县志》中就有“多服无布面皮裘，不甚饮茶，尚黄软米、羊肉”的叙述，可见当年陕北人的服装习俗就是穿纯羊皮衣服。民间也有“有钱人穿呢子，没钱人穿皮子”和“穿衣靠皮子”的说法。陕北皮衣用整张羊皮做成，太阳当头照时能防晒，雨天来临时又能遮风避雨，因此不管是下地种田，还是放羊放牛，穿上羊皮衣，可以说是全天候的服装。

到了冬天更要穿羊皮袄，冬天将羊毛的一面作为皮袄的内层，穿起来保温效果极好，足以对付陕北凛冽的北风和寒冷的天气。羊皮袄白天穿，晚上当被褥用，再实用不过。

人冷腿，狗冷嘴，到了冬天，即使穿上防寒效果极好的羊皮袄，也会不停打颤，这时就需要穿一双陕北特制的“毡窝子”。将羊毛擀成筒状，高度及腿肚子，鞋底子上缝制一大块皮子，就是“毡窝子”。陕北的“毡窝子”看起来非常笨重，但少了它羊倌无法在黄土岭上放羊，老农无法在黄土地上干活。

陕北羊皮袄

近年来，陕北民歌红遍大江南北。陕北民歌质朴，

大都反映生活实情。有一首陕北民歌唱道："听见妹子唱一声，浑身打颤羊领牲。"这首民歌反映了青年男子听到心仪的青年女子唱歌，心情激动的情景。

领牲

如前所述"领牲"是一种祭祀仪式，由于祭祀所用祭品为羊，因此称为"羊领牲"或者叫"淋羊"。在陕北有两种情况祭祀用"羊领牲"。第一种情况就是前面说过的祈雨。还有一种情况就是晚辈祭祀已故长辈，想知道长辈的想法，用羊作为"寄托物"。祭祀这天，由负责祭祀活动的总管孝子、女婿等晚辈，选上好的肥羊，备好需用的水、锅等物品。祭祀中羊就被作为死者的"代言人"。为了知道死者的想法，人们会向羊背淋冷水，看羊的反应。据说，如果淋水后，肥羊马上全身颤抖，就表示死者对丧事办理感到非常满意，对后辈所献祭品也很赞赏；如果淋水后，肥羊一时没有反应，主管就会念念有词说："顺心老人，在世男婚女嫁，去世儿孙满堂，入土为安，放心走吧。"说完还不见羊发抖，他们还会再说类似的宽心话，直到羊发抖。然后，将祭祀羊宰杀，祭祀就此结束。

6. 对酒当歌

唐代边塞诗《凉州词》："葡萄美酒夜光杯，欲饮琵琶马上催。醉卧沙场君莫笑，古来征战几人回。"为大家铺开了边塞独特的豪饮习俗。陕北作为古代边塞，虽经岁月洗礼，独特的豪饮习俗依然如故。

某君从陕北回来，述说了他在陕北喝酒的经历。主人邀请他晚上喝酒，他自认为酒量还过得去，喝七八两也不会醉，便欣然前往。晚上，他被接到一个河畔，河两岸耸立着许多蒙古包，颇有异域风情。当他被领进一个蒙古包，发现蒙古包中有一张炕，炕中央放着一张小桌，桌上已经摆放着一只焦黄的烤全羊。主客分别坐在暖烘烘的炕头上。主人喊来服务员，要求上一箱白酒。他看喝酒的也就四人，要一箱白酒，莫名惊诧。主人一笑解疑惑：他们当地人都是这样要酒的，喝不完存着，下次继续再喝。喝酒开始了，按当地人规矩，每人敬他三杯，三人一共九杯！之后，又按陕北当地人喝酒的方法，用麻将骰子猜拳喝酒，当四人喝完两瓶后，他已醉醺醺、飘飘然，似成李太白了。有人提议，请个歌手过来唱歌助兴。当身着蒙古传统服饰的歌手边唱着优美的祝酒歌，边用一只小碗盛满酒，捧着哈达献给他时，他糊里糊涂一饮而尽。歌手马上又倒满一杯献给他，他又糊里糊涂一饮而尽。值美女、天仙音乐当前，不知喝了多少时候，也不知喝了多少酒，最后也不知怎么回去的。翌日，他对主人表示歉意，主人却高兴地告诉他，在陕北招待客人，酒喝得越多，主人越开心。此役之后，此君自谓久经沙场，既颠覆了对醉酒的认识，更对陕北人的豪情万丈顶礼膜拜。

陕北人喝酒的名堂多，首先婚姻大事要喝酒。媒人到男方家或女方家，主人一定会置办一桌酒席款待：只有让媒人喝好，才能实心说媒。陕北民歌《娶奴家》“正月里，正月正，双方媒人到奴家门，双猪双羊双酒瓶，喝酒拉话要成亲”就反映了以酒款待媒人的情形。定亲的时候更要喝酒，而且男方得提前筹备几桌请来亲戚朋友见证这一幸福场面，以酒助兴怎么能少呢？定亲喝的酒陕北人称会亲酒，喝完会亲酒就算婚事定下来了。结婚的时候喝大酒！杀猪宰羊，杀鸡宰鸭，鸡鸭鱼肉须齐备。除了准备菜之外，还要加班加点蒸好几十笼屉馍。当一切筹备好，才正式隆重下邀请帖。婚礼这一天，吃流水席，常见某一桌被围得水泄不通，原来这一桌有人在斗酒。喝酒的人掷着骰子，猜着拳，周围的人起着哄。输的人毫无怨言，将一碗酒一饮而尽，赢的人不免也陪喝半碗。围观的人乘机火上浇油，不是称赞输的人酒量豪爽，就是表扬赢的人划拳水平高，很义气。喝到最后，不光输的人喝多了，赢的人也醉眼蒙眬。这才是围观人想看到的结果，也是主人要看到的结果。如果没有人喝醉，主人会觉得婚事没有办好，喝醉了皆大欢喜。结婚后，第一次回娘家，娘家人要置办酒席，隆重招待新女婿。陕北人有一个习惯，喝喜酒即使喝得再多，主人也不会留宿，醉客会东倒西歪，唱着民歌往家赶。

除了喜事外，好事要喝酒，大事要喝酒，满月要喝酒，新房修好要喝酒……没有名堂也要喝酒。三四朋友，两瓶酒，一碟花生米，热炕头上聊着天，你一口我一口他一口，觉得不够热闹，就会拿出骰子，自娱自乐。在陕北人的酒桌上，没有辈分差别，能坐在一桌喝酒的，都按兄弟看待，大家在酒桌上比的就是酒量大小，酒量成为判断喝酒者在酒桌上地位的唯一标准，酒量大的，往往是主持这一桌喝酒的人，喝酒规则由他指定。因此，大家拼个你死我活，定要决出胜负。

为了让客人喝好酒，陕北人有一种劝酒的办法，就是唱酒曲。酒曲是陕北民歌的一种，一般没有固定歌词，是劝酒的人即景编出来的，一般都是赞扬喝酒者的。比如：“骑马难遇硬崂塄，咱俩难遇这么一阵阵。山丹丹开花背阳畔红，喝酒人儿是个英雄。”遇到这样的劝酒，你实在没有理由不喝，只能三杯下肚。当然这种情况，你可以不喝酒，但只有一种办法，就是将敬酒曲唱下去。当敬酒者知道你会唱酒曲，就会用酒曲问你问题，你也必须用酒曲回答，如果回答好了就可以免去三杯酒。比如，敬酒者唱道：“四方城里有什么堂？几道柱子几道梁？什么人儿上面坐？什么人儿下面念文章？”对酒曲者就会唱：“四方城里有庙堂，九道柱子十八道梁，皇帝老儿上面座，孔夫子下面念文章。”如果棋逢对手将遇良才，一方唱不倒一方，就会一直这样对下去，其热闹程度比喝酒有过之而无不及。

唱酒曲

陕北人日常生活离不开酒，祭祀也离不了酒。首先是祭祀死去的长辈。为了表示哀伤，在举办葬礼期间，素来爱吃肉的陕北人此时只吃素，所吃的素饭被称为“吃斋饭”或“吃豆腐饭”，但在此期间必须有酒。陕北葬俗，死者被祭祀三天后才能入葬，在这三天里，亲朋好友必须美酒祭祀。其祭祀过程大致是这样的，家庭成员或亲友按年龄分两列排在棺材两边，由两位祭祀主持人下跪斟酒，再递给祭奠的家人和亲戚，然后家人亲戚依次给死者磕头，烧纸钱，焚高香，以美酒祭奠。棺材入土前，还要向墓穴中洒上美酒，在陕北人看来，美酒能够驱妖辟邪。长辈生前爱喝酒，死后酒也不能断呀，因此晚辈干脆将酒罐罐、酒瓶瓶放进棺材里，希望长辈在阴间也能享用这人间美味。逢年过节，晚辈祭祀已故的长辈都要准备美酒，特别是清明节，不但要准备酒而且还必须准备下酒菜。

正因为陕北人好喝酒,也创造了陕北独特的酒文化——划拳。

与全国其他地方划拳不同，陕北划拳融入了浓厚的乡土气息。通常在酒宴中，先要由主人出面，向在座的宾客敬三杯酒，这算是热身酒。三杯酒下肚后，就开始划拳，划拳者同在座各位逐一划拳，俗称“打通关”。打通关是根据在座宾客年龄大小论资排辈的，年长者首先要站起来打通关，年幼者收尾。划拳图的是高兴，增添喜庆气氛，因此划拳的词也讲究吉祥如意，通常为“一定高升、两相好、三桃园、四发财、五魁首、六六顺、七星照、八洞仙、九连冠、全来到”等等。划拳者边喊出上述词语，边配以手势，极尽所能展现出应变能力；划到激烈处，伴随着手势，划拳者嘴里唱调高亢，带着浓厚的陕北腔调，旁观者会觉得这不是在划拳，而是在唱陕北民歌。

当然，划拳总有个输赢。通常有一拳定输赢的，也有三拳定输赢的，但为了照顾喝酒人的情绪，烘托喝酒的氛围，三拳定输赢较为普遍。在划拳中，如果某一方三拳都输了，就应该愿赌服输喝三杯，但胜利者也会安慰输拳者，陪他一杯。在打通关过程中，酒喝得越多，气氛越热烈。在陕北人的酒席上，哪张酒桌划拳最热闹，哪张酒桌围观者最多，这桌酒也就喝得最尽兴。

除了划拳外，陕北人喝酒也有用麻将骰子赌输赢的，和吹牛差不多。在陕北大小馆子里，如果没有准备麻将骰子，那就不是喝酒的地方。通常要骰子也是打通关，实行三局

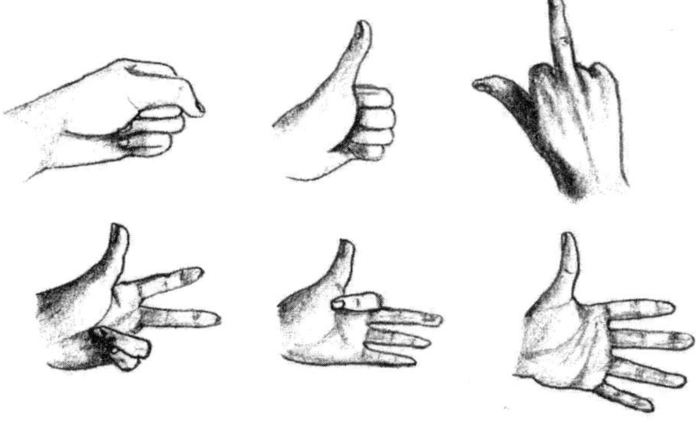
划拳基本手势

制，输几局就要喝几杯酒。要骰子其实就是赌心理，谁的心理承受能力强，能冷静分析，根据对方喊出来的点数，大致判断对方的骰子点数情况，一般会立于不败之地。当然，再强的骰子高手，在热闹的喝酒氛围中，喝高了也会头脑发热，发挥失常，这也正是要骰子独特的魅力所在。

第四章　塞上风味

第一节　粗粮、红枣出美食

粗粮也被称为杂粮，是陕北特色美食之王。粗粮也被称为杂粮。黄土高原气候干燥，灾荒较多。灾荒之后要补种别的粮食以减少损失，但陕北地区无霜期较短，霜期到来较早，生长周期长的作物品种无用武之地，而粗粮由于生长周期较短，且具有耐干旱、耐贫瘠等优势，于是便被作为补种粮食广泛种植。年年月月补种粗粮，家家户户补种粗粮，粗粮就自然而然成为当地人主要的粮食了。今天，虽然生产力水平大幅度提高，灌溉设施被广泛修建，抗灾能力得到明显提升，生活水平飞跃提升，大米、白面在任何粮店都能轻松买到，但陕北儿女依然粗粮情未了，梦里几回回吃粗粮，大面积种植粗粮。

陕北婆姨为了让家人能吃出粗粮好口感，多少年来一直在潜心研究，努力探索，白案、红案同时攻关。蒿草草灶火烧铁锅，毛驴驴驮水倒水缸。才了荞麦又玉米，左手洋芋右手枣。业精于勤，经验贵在积累，一代又一代，她们终于创作出了许多粗粮细吃的杰作，极大地丰富了塞上食库，翻开了中华食文化宝典上的“山丹丹开花红艳艳”新篇章。

1. 荞麦

进入六月，烈日当空，高粱、玉米尽半枯死。好在六月底，天降淅淅沥沥的雨，陕北黄土高原进入了弥足珍贵的雨季。该种点什么来弥补苞米、高粱绝收的巨大损失呢？从七月至十月的霜期，只剩下三个月时间，种别的农作物显然已错过了生长周期，于是生长周期短的荞麦便被选中了。明人宋应星在《天工开物》中说：“凡荞麦南方必刈稻，北方必刈菽稷而后种。”“菽”是指大豆等豆类作物，而“稷”学者们意见分歧较大，有人认为是小米，而清代人王念孙认为是高粱。在北方，不管高粱、大豆成熟时间都在农历八月。一粒粒荞麦种子承载着陕北农民的厚望被撒入大田，吸吮着雨水，四五天便见荞麦苗钻出地面，撒欢地疯长。九月份，荞麦成熟了，黄土地上一片丰收景象。人们在欢声笑语及民歌声中，将荞麦收进了家门，也将一年的希望收进了家中。

荞麦是一种亩产不高的农作物，每亩（1 亩＝666.6667 平方米）仅能收获 150～175 千克。新荞麦磨出的面呈发黑发乌的白色，像是麦面炒得有些过火，但没有炒面的味道，只有淡淡清香。荞麦口感不如小麦面，但巧妇硬是将荞麦做成花色品种多样化的不逊于小麦面的食物，让人吃后回味无穷。

（1）荞面饸饹

在关中地区，臊子面是过红白喜事的主角。唯有老陕们或蹲或坐在院子里，捧着老碗稀里哗啦吃油泼辣子臊子面，才能体现出过事的正宗气氛。

荞面饸饹在陕北人过事中的地位相当于关中的臊子面。每逢红白喜事，主人家院子里一大早便支起几口大锅，开始烧旺火炖羊棒子骨浓汤。随着棒子骨在汤锅里翻转，浓浓的香气扑满农家小院。厨子便在这香气里，提前将荞面用七八十度的开水烫过，继之掺入适量的小麦面粉，以增强它们的适口性和爽口感。和面——揉面后，厨子吸一支烟，旋即将大面团分成数个几斤重的面棒子，放在案上——醒面。面醒得好坏直接影响着饸饹的筋道程度和面的口感。当饸饹木床下的大锅水烧开后，厨师长就指挥身强力壮的后生，将面棒子放入木床里——压，众人都抓住压面机的杆一起用力往下压，眼见一根根筷子粗细的荞面从饸饹木床出口坠入沸水中。虽然掺入了小麦面，但口感还不是特别细腻，所

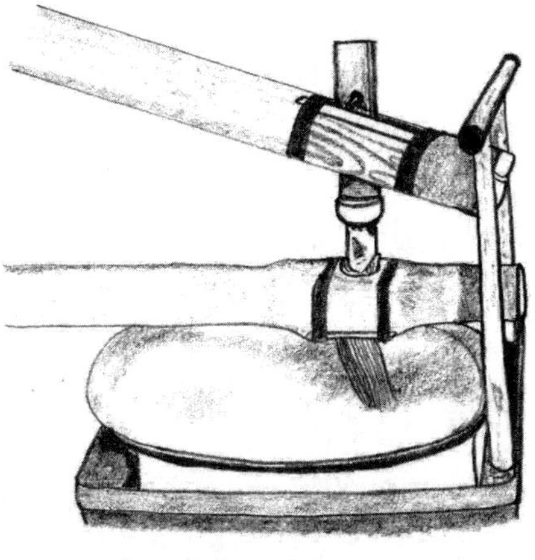
压制荞面饸饹

以盛一碗热气腾腾的荞面，必须浇上两勺香气四溢、肉烂汁浓的羊肉汤，上面再撒上一点葱花，啊哈，土鸡一下变凤凰了，那个美呀，整个场院吃饭的气氛也完全出来了，高桌子低板凳上都是端着老碗吃羊肉荞面的人，桌凳不够用，来得晚的人就干脆蹲在塄坎上，捧着一碗热气腾腾的饸饹，加入稀里哗啦的乐团中。对陕北人来说，有饸饹才算盛宴，才算过事。

饸饹除了上述吃法外，还有一种流行于延安北部志丹、安塞、吴起等地的特殊吃法——油饸饹。油饸饹顾名思义就是用油拌的饸饹面，不过这个油是十分讲究的，它是用当地生长的“茨茉花”和食用油烹制而成的。夏季绽开的紫色“茨茉花”外形极像韭菜花，为陕北特产，因为有葱的香味，又称“葱草花”。陕北人将星星点点满山崖的“茨茉花”趁鲜采回来，切碎，放入烧热的油锅里，将其香味逼出来。盛一碗热气腾腾的饸饹面，在上面浇几勺“茨茉花”烹制的熟油，再辅以酱油、醋、蒜泥等佐料，啊哈，也是土鸡一下变凤凰了呢。如同荞面饸饹的类

似关中臊子面，油饸饹也类似关中的油泼面。

（2）荞面饹饦

荞面饹饦制作过程的前期同荞面饸饹相同，后期是将揉好的面团搓成一根根细条，揪下指头蛋大的一块，在案上搓成一粒类似麻食的饹饦。简单地一搓见手工：力大会搓破，劲小搓不出理想的形状。有的家庭十分讲究，会在高粱秆锅盖或草帽边沿搓饹饦，这样搓出来的饹饦粒粒具有漂亮的花纹，简直是工艺品，看着就令人食欲大增。

搓饹饦固然关键，但画龙点睛的是制作羊肉浓汤。当地人称“羊腥汤”。为什么称为“羊腥汤”？昔日陕北很穷，每次吃肉的时候，用很少的羊肉炖一大锅汤，才能保证全家人都尝到美味。但如此美味其实只是一股腥味，因此人们就叫它“羊腥汤”。如今陕北富裕了，过上了大块吃肉的好日子，但此称谓却被继承下来。制作“羊腥汤”的方法很简单，将羊肉块放入开水中加入花椒、葱姜等，在锅里熬两小时，一锅香气扑鼻的“羊腥汤”便好了。在半碗煮熟的饹饦里浇上几勺热气腾腾的“羊腥汤”，香气就弥漫了整个窑洞，没有开吃就令人垂涎三尺。正因为“羊腥汤”对陕北饹饦来说是神来之笔，所以陕北民歌中才会有“荞面饹饦羊腥汤，死死活活相跟上”的歌词。

（3）煎饼

煎饼为中国人熟知，各地均有，由于食材和制作方法不同，各具特色。其中最有名的可能数山东煎饼，它以玉米等杂粮面为材料，再加上鸡蛋，熟后卷入各种小菜，既健康又美味，因此备受人们喜爱。

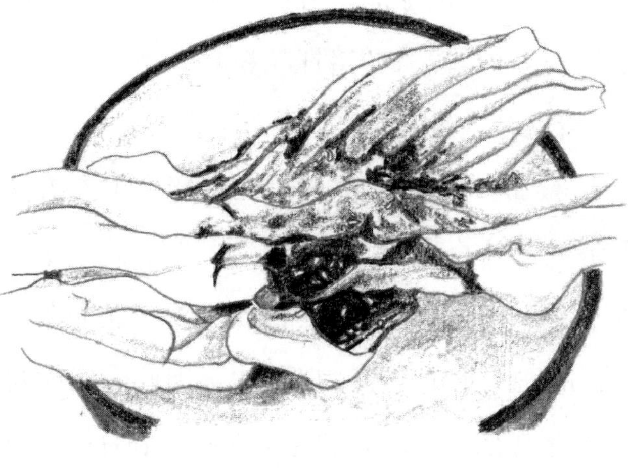

子长煎饼

在陕北地区最具特色、最有名的是子长煎饼。据说，当年朱元璋的军队与盘踞于陕北的元朝军队打仗，战事紧急，军队为士兵准备了便于保存和携带的又大又厚的干粮，这便是子长煎饼的雏形。到了清代，这种煎饼才进入寻常百姓家，但仍又大又厚，还常常被用来当作干粮。之后，当地人逐渐将又厚又大的煎饼做成又小又薄的煎饼，还给它配上了各种可口的菜肴，形成了如今的子长煎饼。

子长煎饼以荞面为材料。制作煎饼时，先将荞麦去皮碾成颗粒状，像是关中地区的包谷糁，当地人叫它荞麦糁糁。接下来是关键工序，将荞麦糁糁用水浸泡一夜，使之膨胀，然后将它加工成粉末状，加水搅拌成糊状，这一过程像是汉中人制作米皮时的泡米及打浆。

接下来便是将荞面浆倒在烧热的平底锅中摊成煎饼了……子长人自己说，他们的煎饼薄如纸，白如玉。

子长煎饼不仅制作材料和制作过程特殊，配料也很特别。最基本的配料是豆腐干。豆腐干的制作也有讲究，选上好的豆腐，切成条状，放入各种大料俱全的汤锅里烹煮，之后将入味的豆腐条捞出放置在高温锅盖上烘焙。烘焙火候讲究不宜过干，以嚼在口里筋道为原则。将如此制作的豆腐干卷入子长煎饼中，子长煎饼能不声名远播吗？

随着社会的进步，子长煎饼的配料日益丰富。如同山东煎饼一样，卷入凉菜是最普遍的。关中地区吃煎饼通常要调制一个料碗，将蒜泥用醋、酱油及香油调制成蘸汁，将蘸汁浇入煎饼的配料中。子长煎饼也一样，将蒜泥用水调制，放入适量的醋、盐等调味品，制作成蘸汁倒入煎饼。蘸汁料碟是子长煎饼的收官之作。

（4）剁荞面

陕北荞面还有一种特色的吃法——剁荞面。剁荞面关键字在“剁”上，按字典解释“剁”就是用刀往下砍，这首先让人想到了剁饺子馅，那么剁荞面究竟是怎么剁的？

剁荞面的和面方法与荞面饸饹、荞面饹饦一样，都要加入适量的小麦面，用烫水和面，以增加它的柔软度和适口性。揉好的面，用擀面杖擀开成面饼，面饼的厚度决定了面条的粗细。将面饼铺放在案上，就开始剁。剁荞面的刀很有讲究，通常是一把宽十厘米左右、长四五十厘米的刀，这没有什么特别的，特别就在于刀的两边都有刀把，这样可以两只手同时握住刀把，一起用力往下剁。在土灶台上架大铁锅，锅里的水烧滚，剁者紧握着刀柄剁面，一根根面条随着飞舞的刀脱离面饼。这是口粮由生转熟的铿锵进行曲，是艺术。之后，将面条撒入沸水中，随着面条在水花中上下翻滚打旋，屋里屋外很快就弥漫着荞面的淡淡清香了。

剁荞面也需要臊子成人之美。在陕北人眼中，最上等的臊子是羊肉汤臊子；鸡肉汤臊子、猪肉汤臊子也是不错的选择。除了肉臊子之外，陕北人也有用素臊子调制剁荞面的，山高水长，各有风味。

（5）搅团

搅团是西北地区一种独特的风味食品，关中搅团通常用玉米面制作，小麦面制作是另类，通常也罢，另类也好，配上独特的汤汁吃起来都别有一番风味。但你知道吗，关中最初制作搅团的材料也是荞面。由于荞面产量低，慢慢地种植面积越来越少，而玉米种植面积却越来越大，于是玉米面就代替了荞面。但陕北地区由于种植荞麦的习惯一直没有改变，制作搅团依然以荞面为主要原料。

搅团关键在于“搅”，如果搅得好，吃起来就爽滑、筋道，特别顺溜，甚至有一种不想咽自难留的感觉。一大锅水烧开了，但见婆姨麻利地抄起一大碗荞麦面开始往锅里撒，边撒边用一根擀面杖触底使劲搅，不停搅。越往后搅动越艰难，但偏须搅速持续加快，否则就有糊底的可能，影响搅团的味道。这是一个体力活，更是一个技术活。既得有耐心，还得有智慧。搅团不易，说的是它融汇了太多的东西，只有中华食文化才能胜任。

一大锅搅团做好了，香气四溢扰乾坤！好马配好鞍，好搅团更需好蘸汁。关中搅团的蘸汁是：浆水加油泼辣子加香菜等。关中人吃搅团的法则如下：将蘸汁顺着碗沿倒下去，这样四周是蘸汁，中间是搅团，食客给它取了个很形象的名字——“水围城”。陕北人搅团的蘸汁和关中人极相似，但陕北人偏爱酸菜，他们以酸菜水代替浆水，再在里面加入芝麻和辣椒，把蘸汁倒入搅团中间压出的窝窝里，来它一个“城围水”。由于酸菜水比浆水味道更加香浓，蘸着吃起来就感到更加爽口了。

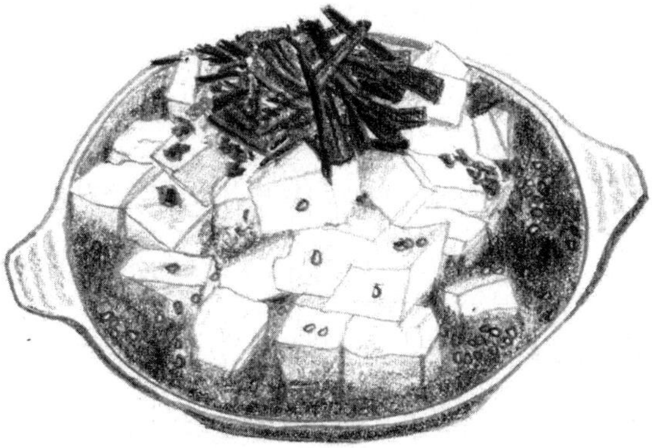

搅团

除了蘸汁搅团外，还有一种十分特别的吃法，就是烩搅团。陕北婆姨也喜欢把凉而凝结的搅团切成片片，放入锅中加上适量的粉条、青菜、豆腐等，烩成一锅热气腾腾、营养丰富的人见人爱的饭。这是天凉美食。

（6）荞面碗饦

荞面食品除了上述吃法之外，还有一种十分筋软耐嚼的吃法，它就是荞面碗饦。荞面碗饦之所以筋软耐嚼关键在蒸上。荞面碗饦和面和其他荞面食品相同，但为了增加其坚韧性，还必须对面团进一步揉搓，双手不断蘸水揉搓，最后将面团揉搓成面糊状，但不能太稀，以能吊起面线为标准。将达标面糊放入碗里，在笼屉里蒸20分钟左右，荞面碗饦就蒸熟了。蒸好的碗饦要立即放入凉水中使之冷却变筋道。碗饦，碗饦，放在碗中蒸熟，蒸熟定型又呈碗状，用碗饦命之，非常形象。

食用荞面碗饦，先将它像凉粉一样切成条条。接下来也是点睛之笔，就是调制蘸汁。它的蘸汁比荞面搅团丰富：醋、酱油、麻油、炒过的葱花加芝麻酱、姜末、蒜泥、芥末、味精等调料。此为素荞面碗饦吃法。陕北人还发明了荤荞面碗饦吃法，食客将羊肝或猪肝与辣椒烹炒好，再和荞面碗饦拌在一起食用，另有一番风味，这种吃法是年轻人所爱。

2. 小米

当地老农常把小米称为谷子，其实小米的称呼很多，如“稷”“粟”“粟子”等，是我们祖先最先驯化的粮食作物之一。由于驯化早，小米对中国古代社会的影响巨大，位列五谷之首、百谷之长，它养育了黄河流域的炎黄子孙，造就了黄河文明，同时也是每一朝国家立国之本，因此古人很看重小米，将它和国家命运等量齐观，国家也就被称为“社稷”。

据农学家和植物学家研究认为：小米源自黄河流域普遍生长的狗尾草。狗尾草生长于海拔4 000米以下的荒野、道旁旱地，耐旱耐贫瘠，酸性或碱性土壤均可生长，适应性非常强，小米也继承了这些生长优势，是黄土高原主要的农业作物，滋养着黄土高原的儿女们，深受当地人喜爱。

小米是一个庞大的大家族，有谷米、黄米、酒谷米、软米等，都有独特的用途。如酒谷米是用来制作米酒的，陕北糜子黄酒很出名，它就是酒谷米的功劳；谷米是用来熬粥的，陕北人还从小米粥演绎出麻汤饭和钱钱饭，这都是谷米的功劳；而黄米由于其颜色金灿灿而得名，是专门制作米饭及摊黄儿等不带汤水的饭食的。

（1）麻汤饭

陕北人富有创造力，不仅能随口编唱民歌，也善于即兴编谚语。其谚语内容基本与生产、生活有关，语言质朴、直率，且惟妙惟肖。其中一条谚语为："麻汤饭，和小蒜，老婆吃咧打老汉！"由此不难想象，麻汤饭是陕北人十分喜食的一种食品。

提到麻汤，必须先说麻子油。就中国范围来说，最常见的植物食用油是菜籽油，但油菜对气候要求较高，冬季温度太低，它就不能顺利过冬，因此油菜多种植在南方，陕北地区冬季气温较低，不适于油菜种植。于是，陕北农民就寻找油菜籽的替代品，一种适合北方的油料作物麻子便出现在陕北人的视野中。

在自给自足的农业社会，陕北农民将收获的麻子用小毛驴

拉石碾子碾成油饼，继之将油饼放入大铁锅中，加水稀释，再用小火慢慢熬制。这一过程需要耐心，如果性子太急，火过于旺，油饼就可能熬糊，不出油，正因为这一过程需要很长时间，陕北方言中曾几何时出现了“熬油”一词。经过耐心地长时间熬制后，水面上会漂一层油脂，熬油者将其一点点舀入一口干净的锅里，再架上小火，慢慢熬制，直到水被蒸发殆尽，锅里才剩下墨绿色的麻子油。

麻汤饭

在熬油过程中，产生的白色汤汁就是麻汤。

按理说，麻汤派不上大用场，但心灵手巧的陕北人，就是利用这种下脚料制作出了美味。他们将麻汤加入适量水，烧开后放入小米，用小火慢慢熬煮，在这一过程中，加入土豆块、豆腐、青菜等，还要锦上添花再加入一些面片，继续精心熬制到火候，一锅香喷喷的麻汤饭便可以上桌了。

麻汤饭如同陕南的菜豆腐一样有特别的下饭佐料。陕南人将蒜苗、香菜等剁碎加入辣椒油、醋、酱油等，一盘香喷喷的下饭小菜就做好了；陕北麻汤饭则以当地野生小蒜为原料，放入罐子里腌制，为了增加它的爽口感，在腌制过程中还需加入一定量的辣椒、胡萝卜丁等原料，再加入大量食盐腌制。腌制好的小菜去除了小蒜刚出土时刺鼻的气味，吃起来十分爽口，再配上麻汤饭简直是人间美食。当陕北人端着一碗热气腾腾的麻汤饭，加上这一小碟腌小蒜，稀里哗啦、有滋有味地享用时，往往因为美味而欲罢不能，不知不觉中会吃得肚子滚圆、扶着墙走路了。麻汤饭就是这样在陕北人记忆中成为经典小吃的。

（2）钱钱饭

在陕北和山西部分地区有一种十分特别的食品叫钱钱饭。钱钱饭其实是以小米为主要食材熬制成的一种粥，粥里面加入被压扁或砸扁的黄豆，这些扁黄豆看起来极像春天榆树长的榆钱，煮熟的油油的小米粥上漂浮着粒粒“榆钱”，当地百姓形象地称之为钱钱饭。

钱钱饭的关键在于将一粒粒饱满的黄豆压扁，这是一项十分考验耐性的工作，为了避免黄豆一压就粉碎，得提前将黄豆浸泡几小时。捞出黄豆晾干，就可以制作钱钱了。此环节不能大把大把将黄豆放入碾子里压扁，必须一粒一粒压。据说山西人做钱钱更讲究，他们不用碾子压，而是左手拿一块扁平石头，右手拿一个榔头，在石头上放一个黄豆，用榔头将它砸成扁扁的钱钱。

钱钱饭

大锅水烧开，放入适量的小米，待其沸腾，就加入钱钱。钱钱入锅转文火慢慢熬，以免将小米很快熬成糊糊状，同时也是为了将黄豆中的香味完全逼出来。如此熬出来的钱钱饭不但香甜可口，而且营养更加丰富。

二十世纪三四十年代，陕北地区发生荒灾，当地人纷纷背起行囊带着妻儿一路乞讨南行，最后在延安南部的森林地区定居，开荒种田。这就是榆林人针对走西口而言的“走南路”。走南路的榆林人生活十分艰苦，为了果腹，给钱钱饭增加了新的内容，黄豆之外，放土豆、胡萝卜，甚至投入野菜，如此就又演绎出一种新的饭了。同时，钱钱饭也饱含辛酸传入延安。据说，山西地区对钱钱饭制作也有改进，往往再加入盐，极有南方蔬菜粥的滋味。

（3）摊黄儿

“黄儿”是子长煎饼的近亲。它是陕北人对用包谷面或者小米中的黄米面经过发酵蒸出来的发糕的一种昵称。可以想见，包谷面和黄米都是黄色的，用其蒸出来的热气腾腾的发糕，也是金黄色，十分可爱。当然，动词“摊”放在前面，又演绎出了一种美食。

摊黄儿的原料纯粹是黄米。

摊黄儿的过程较为复杂，通常情况下得提前将黄米浸泡在水里，让它们充分吸收水分，完全泡涨，这就如同陕南人蒸凉皮前将大米在水中充分浸泡一样。接下来的程序同制作凉皮的程序也十分相似，将浸泡了一夜的黄米放入石磨中磨制，只不过制作凉皮的大米是连水带米在石磨中磨成浆状，而做摊黄儿的黄米须从水中捞出晾干。为了确保摊黄儿的细腻口感，磨出来的黄米粉还需用箩反复筛几遍，去粗取精，仅留下较细的米粉。继之将留用的黄米粉调入水搅拌成黏稠糊。如此还不能用，必须再放入盆里充分发酵一夜。

制作摊黄儿的工具十分特别，陕北人称之为鏊子。鏊子的直径 20 厘米左右，下面有三个支架，给鏊子配的锅是中间高四周低的铁锅，铁锅上还有锅盖。当锅底烧烫，婆姨便将发酵好的米粉浆舀适量放入锅中，盖上锅盖。这时就要看火候了：火不能太大，操心焦煳；火也不能太小，操心速度太慢，摊出的黄儿味道也不好吃。几分钟后，当婆姨们揭开锅盖，一阵香气迎面扑来，还没有吃，人已经被馋倒了。婆姨们顺手将整张摊黄儿对折成月牙状，放入簸箕里，一个黄儿就做好了。据说，能干的婆姨为了加快摊黄儿的速度，往往一人看四五个锅！摊黄儿吃法是不就任何配菜，这样吃起来原汁原味。偏也有讲究人，往往炒许多菜，将菜夹在摊黄儿里，还特别夹上陕北酸菜，这样吃起来也别有风味。不管是哪种吃法，都香喷喷的，实在是人间美味。

摊黄儿

摊黄儿由于制作工序比较复杂，因此不常吃，只在过大年，每家每户才制作大量的摊黄儿。如果恰逢过年你去陕北人家做客，肯定口福不浅。

（4）黄米捞饭

到过汉中的人都知道，汉中人大锅做米饭，都是将大米煮七八分熟，捞出来再倒入锅中蒸熟。黄米的另一种有名的吃法与此相似，它是将煮成七成熟的黄米捞出来，再放入蒸笼中蒸熟，因此当地人给它取了个十分形象的名字——“黄米捞饭”。

黄米捞饭色泽鲜艳，闻起来香喷喷，引人食欲，但毕竟是粗粮，口感粗糙，如果没有上好的、有油水的菜下饭，下咽都困难，所以，眼下人们吃黄米捞饭都配着炒菜，就着酸菜。有菜有汤，黄米捞饭就是难得的美食。

（5）糜子黄酒

酒属于饮料，将饮料与饭混为一谈，不伦不类。但考虑到黄酒在包括陕北人在内的国人生活中的重要地位，就姑且破例，在此将饮食视为一体吧。

黄酒被称为中华民族的国酒，它是我们祖先发明的用稻米酿造的一种低度酒，被形象地称为米酒，与葡萄酒、啤酒合称三大酿造酒。由于酿造黄酒的原料为稻米，往往使人联想到黄酒应该是南方稻作农业区的特产。事实也确实如此，在我国南方大地上黄酒盛行，人们利用蒸熟的大米在酒曲的催化下，经过一段时间发酵，酿造成米色、黄褐色、红棕色的米酒。其实，北方也有黄酒。北方有米，除了部分地区有大米外，最常见的就是前面介绍的黄米，黄米可以分成不同的种类，其中一种黏性较大，即酒谷米或者叫软黄米，也就是

黄酒

糜子。糜子是专门用来酿米酒的原料，用它酿出来的黄酒味道独特，令人饮之难忘。

糜子黄酒的制作方法与大米黄酒相似，只是一些细节上有出入。首先说浸泡，大米通常是去壳浸泡，而糜子颗粒非常小，去壳不易，因此是带壳浸泡的，但为了保证糜子米能泡充分，人们先用沸水浸泡，直到在沸水的作用下，糜子的表皮变软并开裂为止。之后，才进入常规浸泡过程。此环节也有讲究，为了防止营养成分流失，不可将开口的热糜子直接放入冷水中，而是将其晾至温度低于摄氏 44 度才置于冷水中浸泡。经过长时间浸泡，糜子喝饱了水，一粒粒黄灿灿、胖乎乎。此时将糜子放入沸水中熬煮，直至其变成焦黄色，继之加入适量麦曲和酵

母，密封放置入大缸中彻底发酵。历经醇厚酝酿，糜子黄酒始做成，但此阶段尚属浑酒，仍须将酒糟充分压榨，沉淀去漂浮的杂质，最后通过过滤关，制作出回味绵长、意境悠远的糜子黄酒。黄酒是陕北人招待客人的佳品，客人上门必然以黄酒待之。

3. 土豆

土豆是家喻户晓的一种农作物，书面语为马铃薯，当地人称之为洋芋。土豆喜低温，适合在粮食产量低，只能生长莜麦的高寒地区生长，为此广泛种植于内蒙古、河北、山西、甘肃、陕西北部等地区。其中，陕北地区由于黄土深厚、土层疏松，加之气候冷凉，雨热同季，昼夜温差大，日照时数长，又特别适宜土豆生长，即使在和内蒙古交界的毛乌素沙漠的沙质土地上，只要灌溉得法，土豆也能丰收，因此当地人很早就种植土豆。

据最新科学研究显示，土豆中含有丰富的淀粉及其他大量的营养成分，能够满足人体所需，是很好的主食。陕北古人似乎先知此理，在陕北人自编的“陕北六大怪”中，其中一怪便是“洋芋当饭不当菜”。

（1）洋芋擦擦

世上有没有一种既能当主食吃又能当菜吃的食物呢？有。

洋芋擦擦

它就是陕北的风情名片——洋芋擦擦。

虽然陕北人是土豆顶级吃货，蒸的、煮的、炒的、烤的，无所不用其极，但吃的时间长了，未免生厌。好在曾几何时，陕北婆姨攻克了这一饮食难关，在她们自己用汗水书写的“中华食文化宝典上的‘山丹丹开花红艳艳’新篇章”中，就有如下记载：将麦糠里磨出来的些许黑面拌入薄薄的土豆片中，上锅蒸，蒸熟即是黑金洋芋擦擦；黑面有限，在土豆中拌入包谷面上锅蒸也可，蒸熟即是黄金洋芋擦擦；当代都市人讲究食不厌粗，将野菜和糠面拌入土豆里上锅蒸，蒸熟即是碧玉洋芋擦擦。

黑金洋芋擦擦、黄金洋芋擦擦、碧玉洋芋擦擦皆丫鬟的身子、公主的命，或单或双、隔三岔五出没于高档酒楼，点缀在山珍海味之中；当然，更多时候是在寻常百姓餐桌上凑热闹、添喜庆。

（2）大烩菜

陕北人对大烩菜情有独钟，某君一次去同事家做客，同事夫妻俩都是陕北人。女主人十分热情地给客人准备了一大桌丰盛的饭菜，鸡鸭鱼肉无所不有。饭菜上齐，准备动筷子之际，男主人皱起了眉头，表现出十分不悦的神情。客人急忙告诉他饭菜已经十分丰盛了，“不敢再做别的了”。可是男主人才吃几口，便放下筷子对女主人说：“这没有烩菜怎么吃饭呢？快去做个烩菜来！”客人闻言哈哈大笑起来。陕北人对烩菜的喜爱可见一斑。

大烩菜根据所放主料分为猪肉大烩菜、羊肉大烩菜、酸菜大烩菜等。大烩菜的辅料都是农家的寻常菜：萝卜、白菜、豆腐、土豆、粉条、粉带，最讲究的是再放入一些干豆角。但不管是哪种大烩菜，土豆块都必不可少。如果缺少了土豆，大烩菜再好，在陕北人看来也索然无味。陕北人吃大烩菜，最先吃完的往往是土豆和粉条、粉带。当陕北人饭碗上浇盖一层大烩菜，咂吧着嘴香甜地吃着土豆块时，一切描述就都显得苍白无力了。

（3）土豆粉条

土豆除了直接入菜外，陕北人还喜欢用土豆粉制作粉带、粉条入菜。去过陕北的人都有这样的印象：当地大大小小饭馆餐厅，菜品都多与粉条有关，好像陕北有吃不完的粉条。这固然是粉条机器带给人们的便利，使以前年节才能享用的粉条成为寻常食品。但上了年纪的陕北人吃完这种粉条却不停地摇头，说这不是他们儿时所吃的味道。接下来，他们会对你说还是以前手工制作的粉条吃着过瘾，并告诉你以前是怎么制作粉条的，以及制作粉条的种种艰辛，言语间传递出丝丝缕缕的温馨与幸福。

汆熟的粉条可以调上醋、酱油、油泼辣子及葱、姜做成凉菜。当然，其最大价值还是体现在热菜领域。陕北霸王菜——大烩菜，也离不开粉带、粉条打江山。少了粉带、粉条哼哈二将，不管放多少肉，霸王菜上桌也都打不赢。在“中华食文化宝典上的‘山丹丹开花红艳艳’新篇章”中，还有一道人气很旺的菜品名曰猪肉炖粉条，里面的主角就是粉条。啊哈，陕北婆姨焖一锅香喷喷的五花肉，和着粉条或粉带，肉香夹杂着粉条或粉带的特有香味弥漫着整个屋子……

4. 大红枣

历久弥美，大红枣俨然成为陕北的象征与代言。如果你恰巧秋天去陕北，就既有眼福又有口福了。漫漫黄土高原上，房前屋后及沟边塬畔的大红枣成熟了，远远看去，仿佛一片片红霞，煞是好看。走在枣树下，一颗颗光滑的大红枣在枝头摇曳，令人垂涎欲滴。当大红枣滑入你口中，甜甜的略带点酸，沁人心脾。这时你想的不仅仅是大红枣的美味，你还会寻思，在这片生长庄稼都十分艰难的黄土地上，为何能长出这样美味的大红枣来？

陕北大红枣

这得从陕北大红枣独特的生长习性说起。红枣最适合生长的环境是干燥少雨且阳光充足的地方，它十分耐寒冷，摄氏零下 30 度也能生存下来；它还耐高温，摄氏 40 多度也能安然度过。而陕北气候干燥，雨水稀少，冬季寒冷，夏季炎热，刚好符合红枣对气候的需求。大红枣对土地的要求也不高，不管是沟渠边的盐碱地还是塬畔坡头贫瘠的土地都有它的身影，无怪乎著名的农学家贾思勰在《齐民要术》中发出“旱涝之地，不任耕稼者，历落种枣，则任矣”的感叹。

关于陕北黄河沿岸枣的来源还有一个神话传说：一天，王母娘娘下凡间游玩，经过这一片枣林被扑鼻的枣香深深吸引了，便停下脚步。看着树上一颗颗香气袭人的枣子，忍不住想随手摘几颗。但一不小心，王母娘娘的手被枣刺刺破了，鲜红的血滴落在枣子上，从此黄河两岸的枣也就变成红色了。据说，就是因为枣子沾上了王母娘娘含有仙精的血，不但颜色变红了，也有了极大的滋补功能，从此滋养着黄河沿岸的儿女。

神话归神话，历史归历史，陕北红枣清代便声名远播了，许多县志都对红枣有记载，如《延川县志》就有“红枣……沿黄河一带，百里成林，肉厚核小，与灵宝枣符。成装贩运，资以为食”。的记载。《吴堡县志》也有“枣为多，居民以此为业”的叙述。可见当时种枣十分普遍，成为人们日常食物和重要产业。时至今日种植面积更加大了，在沿黄河、洛河的延川、清涧、绥德、府谷等县均有种植，但各地生产的红枣品种却不尽相同，绥德出产的木枣、团枣有名，延川以及延安等地出产的狗头枣、脆枣驰名，而清涧出产的是牛奶脆枣。其中，尤以狗头枣为最。狗头枣果实厚大敦实，唯有土层深厚的肥沃土地才能出产，延川以及延安等地由于地处延河岸边，土层肥厚因此出产狗头枣。

中秋节前后，大红枣成熟了，诗人张元清在《游枣园有感》诗中写道：“慢慢秋风夕照中，婆娑一树万珠红。小康园里人陶醉，又是秋来枣粮丰。”

自红枣收获后，陕北人的生活里便都是枣的甜蜜。婆姨们很大方地招待前来串门子的客人，自己嘴也不闲着。孩子们在红枣收获后，书包里少不了的食物也是红枣。红枣被晒干后，吃起来更是别具一番风味，味道浓郁且很有嚼劲，陕北老乡总是喜欢围坐在热炕头上，吃着干枣聊着天，其间或就着枣子饮他几杯。

干枣虽然香浓甜厚，但对牙口不好的老人来说吃起来就费劲了。在枣的大千世界里，有没有比干枣还香浓甜厚、回味绵绵无尽期的方物呢？有。——酒枣。陕北人又称其为醉枣。人们将刚收获的红枣，挑选个大肉厚，没有外伤的，清洗干净，装进缸里，喷上白酒，将甜蜜与希望一同严严实实封好。红枣在密封的缸里，经过白酒浸泡发酵，酝酿天成。开缸之时，酒香、枣香迎面扑来；再看看那颗颗红枣，油亮发光，格外饱满。酒枣耐久存，贵客临门，以酒枣待之，十分有面子。

除了晾制干枣、制作酒枣外，陕北人还将枣与面结合，打造中国好食品。枣馍都知道吧，但陕北人的枣馍居然有白面馍馍和黄米面馍馍（俗称黄馍馍)两种！把红枣包进馍馍

定边炉馍

中，好像包包子一样，这样蒸出来的馍馍面香与枣香 1 加 1 硬是大于 2。中国枣馍，数黄馍馍味道最好。真可谓中国的枣馍，世界的枣馍！

曾几何时，西安市场上悄然出现了一种陕北月饼——炉馍。炉馍和月饼一样，有各种馅的，豆沙的、莲蓉的，与月饼相比没有什么特别之处，但特色的是有红枣馅的。当你拿起一块红枣炉馍，咬一口，那浓郁的红枣香会弥漫整个口腔，使你胃口大开。据说早前，陕北人订婚，男方必须携带炉馍到女方家，表明吾意已决非你莫娶。女方家把炉馍分送给各亲戚家，向亲戚表明，自己的女儿已经许配如意郎君。正因为炉馍有此特殊功能，所以被陕北女孩称为“枣果馅”或者“花果馅”。

在陕北还有一种用红枣做成的特色食品——枣山，它既是一种吃食，同时又是祖祖辈辈流传下来的祭祀食品。也许有人要问这种食品为什么叫“枣山”？这得从枣山的形状说起，枣山的主材料是面粉，每到过年前，家家户户便开始制作枣山。一大早，婆姨们便把发酵好的面揉成条状，然后一圈圈地卷起来，直到垒成高高的山状，接下来是画龙点睛的一个工序，在枣山上放上大红枣，放进笼屉里用大火蒸熟。

枣山做好后，不能马上吃，人们用一个大盘子恭恭敬敬地把枣山整齐地摆放到盘子里，先得敬灶神。在敬献灶神的过程

枣山

中，大人会告诫嘴馋的孩子，不能拿贡台上的枣山，否则灶神老爷会生气的。孩子们只能咽着口水，掰着手算离腊月二十三还有几天。孩子们盼星星盼月亮，终于盼到了腊月二十三的小年，大人将贡台上的枣山收回来，孩子们高兴了。但别急，枣山不能完全吃完，过年期间陕北婆姨还指望用枣山招待客人，谁家缺少枣山会被认为是很奇怪的事情。正月里，走亲戚的客人到来了，女主人除了拿出自己看家本领制作一大桌子饭菜，还不忘端上一碟子枣山。客人们吃着饭菜，欣赏着枣山，顺手掰一块放进嘴里，赞不绝口，夸主人不但把枣山做得形状很漂亮而且味道也很好。枣山不仅是食品、祭祀品，更是一件艺术品。

对陕北小孩来说，最好玩好吃的还不是枣山，而是另外一种很有趣的东西叫枣牌牌。红枣晾晒成干枣后，父母们便用一根绳子将干草节、黑豆、红枣间隔着串成一大串，极像出家的和尚挂的佛珠，由于三者有序排列，而以大枣显眼，所以人们给它取了一个非常形象的名字——枣牌牌。大年初一一大早，父母就把枣牌牌挂到了子女的背后，孩子们只能戴着玩，不能吃。于是乎，雪地上，一个个胸前挂着枣牌牌的小孩，在跑跳过程中，将红彤彤的枣牌牌一起一伏甩得高高的，煞是好看。据当地人说这是小孩辟邪招福的装饰物。

除了上述食品外，陕北还有枣炒面。冬天用开水冲上一碗热乎乎的枣炒面，不但非常美味，而且还暖身暖胃。除此之外，陕北人蒸米饭为了提味，往往也放几颗大红枣。香喷喷的枣焖饭，味道也十分独特。至于制作红枣粽子、红枣粥，大家都知道，在此就不介绍了。

第二节　美味佳肴数羊肉

如前所述，陕北历史上是农牧杂处的地区。即使今天，在农业生产间隙，不少陕北人还习惯利用原畔沟底以及沙漠边缘的零星草地放牧。陕北食文化中的游牧民族遗风与之一脉相承。

陕北人喜食肉，但做法直截了当——熬煮，用一大锅水将牛羊肉或大肉放入锅中熬煮。往事越千年，草原民族一直以来与中原民族有一定隔阂，获取中原民族生活必需品并非易事，如游牧民族生活所需的布料及铁锅等物品，往往是用马、羊等牲畜与中原民族交换而得，在古代这种贸易被称为马市。但中原民族对游牧民族交换物品有很多限制，如铁锅等铁器，被认为是制作兵器的原材料，怕流入草原被制成兵器威胁自己的边疆安全，因此牧民想要得到铁制生活用具相当困难。明代中期，蒙古族建立的北元和明朝战争不断，为了惩治北元对明朝边疆的侵扰，明政府限制在边疆地区同蒙古人以物易物，这触动了蒙古居民的生活底线，他们的铁锅用坏了，没有新的铁锅，只能用皮口袋煮东西吃。草原居民得到最基本的生活用具已相当困难，何谈得到制作食物的调味品。因此将肉类放入白水中熬煮，自然而然，习惯成自然。

再加上草原游牧民族逐水草而居，成天只惦记着将牧群赶到水草好的地方，马背上急死忙活赶一天，到达放牧的草原，埋好锅灶，早已累得筋疲力尽，只剩下熬煮这一最简单的吃法了。此吃法虽然原始，却能保持肉食的本真，加之省事省力省时，于是乎，也就这么一代一代传下来了。

某君前往榆林定边县出差，旅途劳顿而艰辛，饥肠辘辘。接待员晚餐请某君吃大块羊肉。到了吃羊肉的地方，是一个大院子，里面搭了几个简易敞篷房，乱七八糟摆着几张桌子，几乎座无虚席，大家都手拿大块羊肉豪吃着。某君看着这种场面

滩羊

觉得有些惊诧，不过既来之则安之，随接待员在墙角一张桌子坐下。接待员大声吆喝：“老板，每人来两斤大块羊肉，大碗装来！”不大工夫，两大碗羊肉上来了。某君看了看碗，每碗有四块250克左右的羊肉。某君学着其他客人的样子，拿起一块在嘴里啃着。接待员笑笑说，吃这种羊肉就要大口吃，说着给某君示范了一下。刚开始，某君还不太好意思，但吃了几口，发现这羊肉味道确实十分鲜美，便学着别人大口吃了起来。孰料风卷残云，一大碗羊肉被一扫而光。

横山羊肉是陕北羊肉的一个缩影，2008年北京奥运会期间横山成为奥运会特供羊肉基地，可能你会问，北京靠近内蒙古大草原，那里的羊肉很多，为什么舍近求远指定横山羊肉？

横山老农说：陕北干旱少雨，气温偏低，植物一般都耐寒耐旱，适应性非常强，沟沟坎坎长满了杂草，都是山羊良好的草料。陕北羊是放养的，即使人不能到的崖头，羊也能爬上去吃草。所以羊肉肉质好。

陕北羊肉的一大特点是没有腥膻味。这是为什么？陕北老农又说，陕北生长一种羊非常喜欢吃的野草——地椒。之所以被称为地椒，因为它有类似花椒的清香，又由于其香气袭人，当地人又称它“百里香”。在榆林、横山、定边、靖边、清涧等地，地椒随处可见，羊非常喜欢吃。吃了这种草，羊的腥膻味就慢慢消失了。

历史上，陕北地区的人们“以肉为食兮，毡为墙”。如今，陕北六大怪中有一句“羊肉按件，不零卖”，就充分显示了陕北人吃肉豪爽的底蕴。但整头羊一家几口三两天根本吃不完，于是，惯于吃鲜的食客间不知何时兴起了一种被称为“打平伙”的吃法。在阴雨天或农闲时节，陕北人喜欢走家串户，大家一起围坐在炕上，说天道地，小孩子们在屋子里跑来跑去，气氛非常热烈。说到高兴处，有人提议打平伙，大家一拍即合，便有人自告奋勇去买羊。

买回羊，宰之，有两种吃法：其一切大块均分，各人在自己的份肉上做标记，一起放进锅里煮，这种吃法被形象地称之为“拉大件”；第二种吃法是把羊肉切成小块，放进锅里熬煮，出锅后再均分。不管哪种吃法，由于多人共同分享，非常热闹，会觉得分外香。如果再有酒就更有感觉了，男人会划拳争个天塌地陷。

合伙吃羊肉源自清代的黑界地，即伙盘地。耕种的农民合伙出钱买邻近蒙古族牧场的羊，共同吃羊肉，且吃法向蒙古族牧民学习，用手直接抓，充满了豪爽之情。今天伙盘地不复存在，但合伙吃羊肉，豪爽吃手抓肉的习俗却保留了下来。

水煮肉的豪华版就是大烩菜。水煮肉与大烩菜都是熬煮菜的典型代表。

陕北的早餐也非常特别，不管你吃烧饼还是油饼，必须吃的一定还有羊杂碎。羊杂碎是将羊头、羊蹄、羊血、羊肝、羊心等部件切碎，混杂在一起烩制而成的，又称羊杂烩。味道酸辣兼备，不腥不腻，汤鲜味美，再配以烧饼或油饼，简直是人间美味的代名词。

陕北冬季寒冷，一早起来一碗热气腾腾、营养丰富的羊杂碎就饼子下肚，感觉浑身热气腾腾，再下地干活，仿佛有使不完的劲。

关于羊杂碎的起源还有一个故事。成吉思汗带兵攻打位于今天宁夏的西夏国，被西夏军围困在今榆林的荒山野岭中，所带粮食很快吃完了，军中怨声四起，这可难坏了火头军。在万般无奈的情况下，火头军将之前宰杀羊随地抛弃的羊内脏等部件收集回来，用刀剁碎，放进锅中用火熬煮。为了调剂味道，火头军们又将野菜切碎放入锅中一起熬制。士兵们吃了羊杂烩，个个赞不绝口。几年后，蒙古军打败了西夏军队，将士们也陆陆续续复原回家。但他们依然十分怀念曾经吃过的羊杂碎的味道，便学着当时火头军的做法制作。后来经过不断改进，就形成了今天的羊杂碎。

提到羊杂碎，还得说到陕北另一种食俗：每年冬至夜晚，家家户户都要熬煮羊下水、羊头、羊蹄之类的羊部件，当地称之为“熬冬”。这种习俗如同关中冬至必须吃饺子一样。

午饭是清炖羊肉。清炖羊肉是陕北最有名的羊肉吃法。其做法虽然简单，但味道鲜美无比，深受人们喜爱。陕北人讲究肉的新鲜。清炖羊肉通常就是现宰现做，简单清洗、处理入锅烹煮，从而最大限度地保证口感好。陕北人从炖羊肉块的大小可以判断是什么地方的炖羊肉。陕北从北到南、从西到东羊肉切块大小形状呈现出大块、小块，带骨头、不带骨头的特点，也就是说越往北部，特别是和内蒙古交界地区，羊肉肉块越大，而且骨肉连在一起熬煮，充满了蒙古族牧民的豪爽风格；越往南，切块越小，而且骨肉分开烹制。

晚餐享用热气腾腾的羊肉面。传统羊肉面的面是饸饹面，这在前面已经介绍过了。当然也可以用白面代替。羊肉面的成败在于烹制羊肉臊子。新鲜羊肉搭配草果、桂皮、花椒等大料加时间等于色香味俱全的羊肉臊子。

陕北人还特别喜欢吃酸菜。酸具有解腻、助消化的功效。而草原游牧民族，由于主食是牛羊肉，饮料是牛羊奶，为了缓解这些油腻，他们想出种种办法从中原地区购入茶叶，与奶油煮成酥油茶，化腥解腻。除了茶叶之外，酸菜也具有这种功效，所以草原游牧民族也喜欢吃酸菜。久而久之，陕北人也传承了这一习俗。时至今日，富裕的陕北人一日三餐饭桌上仍少不了酸菜。

第五章　魅力方言

第一节　陕北方言的形成

陕北方言广义上包括陕北晋语和中原官话两种类型。划分的依据是：方言中是否保留入声，保留入声的方言归陕北晋语，没有保留入声的归中原官话。1987年出版的《中国语言地图集》是汉语方言研究和分区的划时代成果，后来学者们又对其进行修订，整体上反映出了方言分布的实际面貌。依据先贤们的研究成果，结合方言调查的实际，把广义陕北方言分为两大类，官话区和晋语区。其中，延安市宝塔区、甘泉、志丹、安塞区、吴起、延长、子长、延川、清涧、绥德、吴堡、佳县、米脂、子洲、靖边、横山区、榆林市榆阳区、神木、府谷等19县区讲的是晋语；富县、洛川、黄龙、宜川、定边、黄陵六县讲的是官话，都属中原官话区。其中榆林地区的定边县属陇东方言，延安地区的富县、宜川、洛川、黄龙、黄陵五县属关中方言。

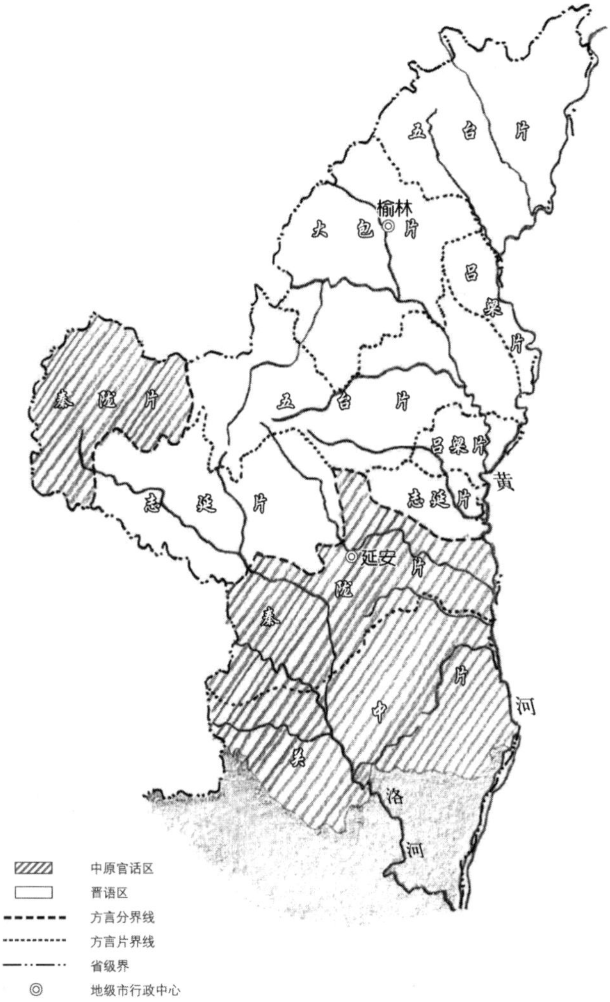
五台片
榆林
大包片
吕梁片
秦陇片
五台片
吕梁片
志延片
志延片
黄
延安
秦陇片
河
关中片
洛河
中原官话区
晋语区
方言分界线
方言片界线
省级界
地级市行政中心

陕北方言分布图

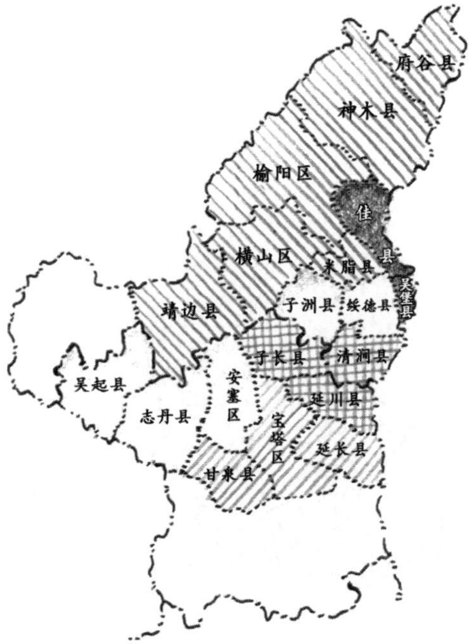

陕北地区 19 区县古入声分布图

狭义上的陕北方言，特指陕北晋语。

陕北方言 19 县市按古入声分化情况的不同分为五片：①榆阳、横山、靖边、米脂、神木、府谷；②佳县、吴堡；③清涧、延川、子长；④绥德、子洲、志丹、安塞、吴起；⑤宝塔、延长、甘泉。

据《中国语言地图集》（1987 年）和侯精一《晋语的分区》（1986 年），晋语主要分布在山西省的中部和北部，河北省西部，河南省黄河以北地区，内蒙古西部黄河以东地区，以及陕北地区，共 175 个市县，使用人口 4 570 万，其中陕北晋语使用人口约为 437 万。

晋语分布在山西省的中部、北部、东南部以及河北、河南、内蒙古、陕西等四个省区邻近山西的地带。黄河流域是中华民族的发祥地。黄河流过晋语分布的很多地区。这是一个相当封闭的地理环境，太行山和黄河以及山西南部的太岳山脉作为天然的屏障阻止了中原官话的北上与北京官话的西进。自古以来，晋语区的人民在这片自然条件十分优越的土地上繁衍生息，在形成了独特的文化的同时，也形成了晋语方言。“晋”指山西，始于春秋。当时晋国吞并周围20多个小国和部分戎狄部落，据今山西中南部、河北西部和陕北一带。战国时期，韩、赵、魏三家分晋，其中赵国建都晋阳（今太原东南），辖山西中部、陕西东北角和河北西南部，赵国都城古晋阳（今太原一带）逐渐成为晋语区的中心区域。由于山西之形势最为完固、山川形便，大的战乱很少波及。居民“仰有所事，俯

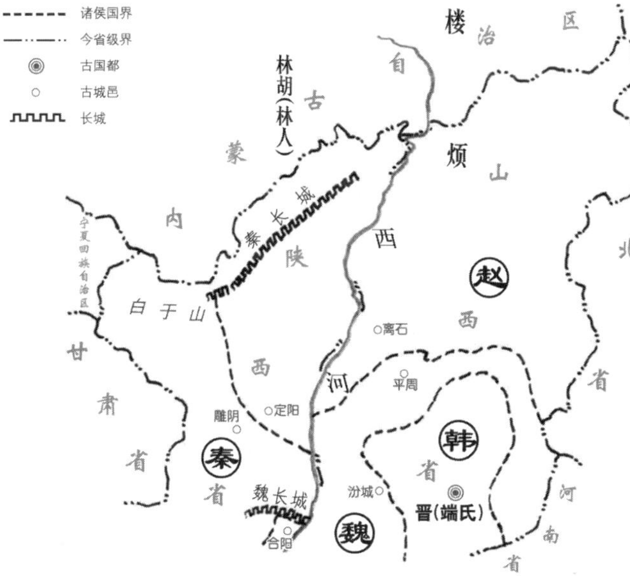

战国时期秦国、三晋形势图

有所育”，社会稳定，经济活跃，人丁兴旺，形成了一套独具特色的文化心理。晋语中心区形成后就逐渐向它周围扩散，辐射到了陕北地区。陕北地处偏僻荒凉的黄土高原，几千年来交通阻隔、地方闭塞、经济落后、生产方式稳定保守，几乎很少受外界影响，所谓“圣人布道此处偏遗漏”，这为方言的保留提供了天然的文化生态环境。

最早明确记载陕北方言归属的是光绪《绥德州志》，其云“绥德语言类太原、代州等处，与汾阳、永宁虽接壤却不相似”。代州即今代县，这表明绥德方言是与太原、代州相似的晋语。绥德州是晋语，那么陕北其他地区方言又是何样？同书在描述绥德方言特征时又说：“绥德方言多宫商之音而少唇齿轻音，故口语稍缓，与榆林语言相近，而与长安口音不同。”也就是说绥德方言与榆林方言相近，不同于中原官话的长安方言。由此可见，榆林为晋语是毋庸置疑的了。

从清代陕北与山西间密切的交往来看，陕北继续保持晋语方音也属自然。山西商人经营商业享有盛名，著名的“晋商”“西商”即是旧时对山西商人的雅称。从清初开始的一百来年，山西商人在我国经济界占有重要地位。山西商人的经济活动从“供给资本、准备市场、训练人才、推广信用、巩固组织”无一不用晋语。陕北地区很早就是山西商人的活动地盘。陕北商业

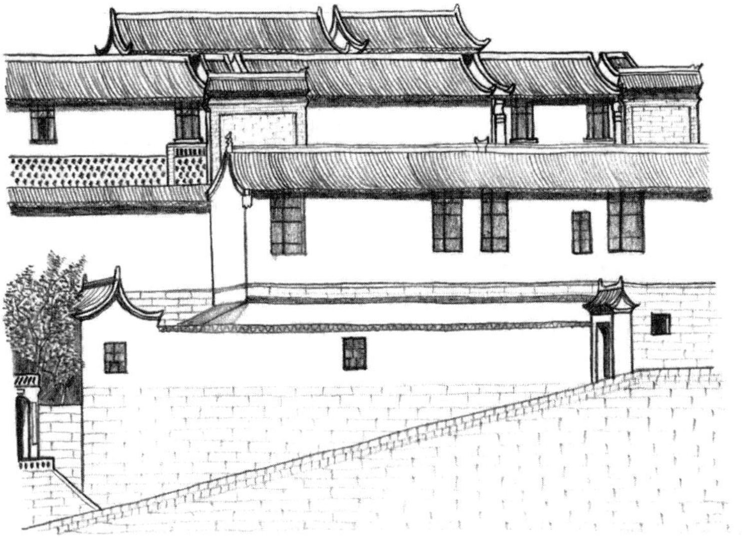

晋商大院——银元山庄

多半靠晋商，这是晋语进入陕北的一个重要条件。清代陕北经济依赖山西。黄河沿岸的葭州“市中布匹悉贩之晋地，而黄河一带实为利源，北通河套，南通汾平，盐粮之舟疾于奔马”（嘉庆《葭州志》卷九《风俗》），延长经济也仰仗山西，民间“多畜猪羊，间有返牵鬻晋省者”（乾隆《延长县志》卷二《风俗》）。不仅临时贩卖依赖山西，就是长期的商业贸易，陕北各县也多为山西人把持，“城镇贸易尽晋省及韩城人为之”（乾隆《延长县志》卷二《风俗》）。据《横山县志》：“邑境僻处山岳，交通滞窒，商业贸易不甚发达，而经营商人则县民晋人各居其半，布匹百货买自山西顺德等地，皮毛羊绒则由晋商洋行岁来收买，邑人营商拙于操纵，偶值金融紧张，周转立窘。”陕北《佳县县志》也有与晋人商业活动有关的记载，不再摘录。这些记载说明了山西商人在陕北的经济活动中所占据的重要地位。这种经济上的优势对于提高晋语在陕北的发展起了很大作用。

由于山、陕间经济联系的密切，文化上的往来也渐趋频繁。在文化素质上，山西文化显然高于陕北，因此这种文化交往出现一边倒的倾向，山西文化持续不断地影响陕北，使陕北戏剧也向山西看齐，陕北地区流行晋剧而不同秦腔、眉户剧、碗碗腔等陕西关中地方戏曲。在陕北民歌“信天游”中，有一段控诉买卖婚姻的歌词，“攮刀子公公死囚汉，水牛角婆婆门前里站”（《陕北民歌选》，鲁迅文艺学院搜集，光华书店发行，1948 年）。据整理者注：山西梆子戏中，花荣母亲虐待儿媳妇，后来头顶上长出了一个水牛角。因此，陕北老百姓称虐待儿媳的婆婆为水牛角婆婆。这不仅表明山西梆子在陕北广为流传，其内容家喻户晓，深入人心，而且进一步说明了陕北文化包括方言在内

信天游

的各个方面都深受山西文化的浸润。此外，陕北的饮食、民居、习俗等文化都同于河对岸的山西而异于南部的关中地区，这些文化现象也对陕北方言的形成与稳定起到了不可忽视的作用。

如果说明清时期在中原官话的冲击下，其晋语特征的维持主要是因晋、陕间经济、文化的密切接触，而山西移民又强化了这种维持。晋、陕间移民的方式不同于陕南地区大规模、集中性的移民，是长期、渗透式地移入。早在明代，陕北为九边之一，居民以军戍为主。军卒的籍贯多为山西人，据民国《横山县志》载："横山地处塞上，明属边卫，土著居民多由晋豫军籍防屯而来。"由此可见当地多受纯正晋语的浸润。至清代，晋豫军卒多落籍陕北，成为土著。此后，又由于陕北大多地区"地荒人稀"，致有不少"东路客民携眷迁居者"。据光绪《靖边县志稿》载："近来地荒人稀，土民多已绝产，然力不能垦。"综上所述，虽然不能确定这"东路客民"一定是山西人，但根据陕北方言特征的地域变化，当时理应存在自北、东两个方向来的山西移民。

陕北晋语明显地表现为靠近黄河的地区保留入声较多，越向内部深入，则入声渐少，至最南的延长、甘泉与西部的吴起一带入声只保留在一些口语中，这表明晋语特征由北、东向南、西递减。这一语言分布现象恰恰与湖南赣语区相似（参见周振鹤、游汝杰《湖南省方言区划及其历史背景》，载《方言》1985年第4期）。湖南赣语区由于江西移民自东北向西南、西北、东南三个方向递减，和各地距江西中部的远近成正比，因此江西方言的影响也是由东北向西南、西北、东南逐渐减弱，致使北

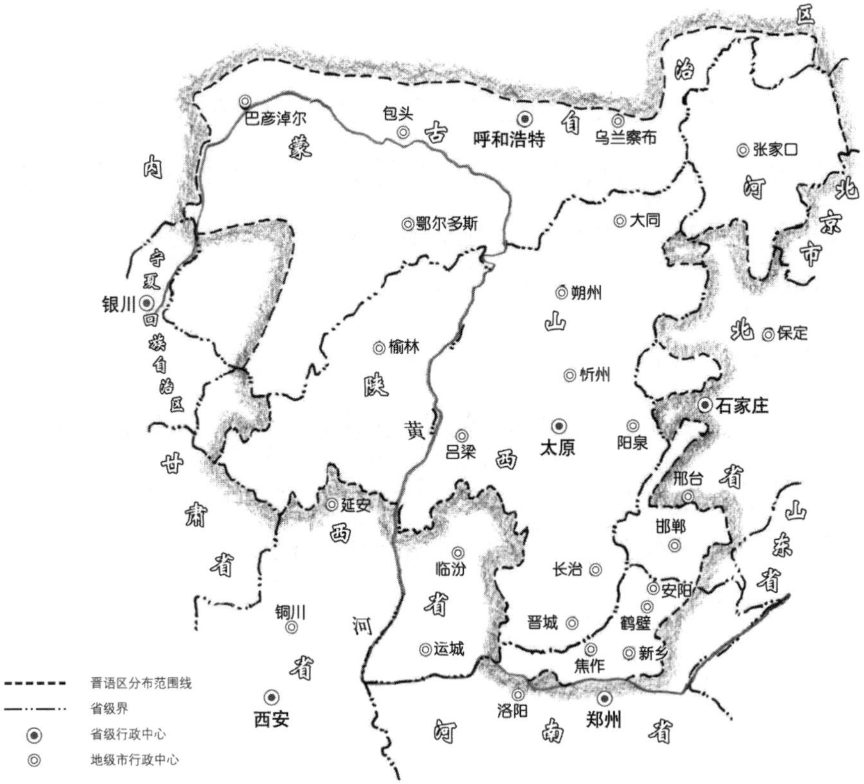

晋语区分布范围

部赣语的特征比南部更为明显。那么对于陕北，入声由北、东向南、西递减，这种方音特征的空间分布，不但表明陕北有一定数量山西移民的进入，且还可以确定山西移民主要是由东、北两个方向进入的。

从晋语区的分片也可以看出，山西移民应该是从黄河沿岸渐次进入陕北的：晋语区内各片的分布并不依行政区进行分界，而是与河流走向一致，如清涧片的清涧、延川、子长县同属清涧河流域，这表明该片的方言是随移民沿河向上游开发，而由下游上溯到河流上游地区。

另外陕北的神木、横山、绥德县志均有记载山西移民的情况。据邢向东（2002 年）引，神木南乡《贾家沟村志》记载："我村立业者，叫贾治。历代相传，祖籍系山西省大槐树村，据此推断，我村立业者不一定就是大槐树人，但经由此处移民来则是肯定的。"《刘家坡村史》载："相传刘姓祖先由洪洞县沙蓬逃荒而来。"《张家塔村志》记载："张家塔张姓祖籍山西省紫金山下沙蓬洼村。明朝末年，山西遭灾，祖先张毕川带六个儿子逃荒到神木。"《横山县志》记载："明朝于山西洪洞县设移民司，在洪武、宣德年间三次大移民中移入横山不少，民间至今有'要问老家在何处，山西洪洞大槐树'之说。"《佳县县志》记载："明初，几次向境内迁徙人口，据佳县螅镇乡荷叶坪村李氏家谱记载，其祖先于明永乐二年（公元1404年）从山西洪洞县迁来。”在陕北县志、家谱中有关记载不胜枚举。明清时期大量的山西人移民到陕北自然也就带来了山西话。

概言之，明清时期陕北晋语区受到两个方向力量的冲击：一是经济上与山西往来频繁，文化上深受山西的影响，加之有源源不断的自发移民，使晋语从东、北方向持续影响陕北方言区，晋语方言特征不断加强；二是政治上来自关中的影响，由于从属关中近1 300余年，官员的往来、政治联系的紧密，使关中的中原官话从南方冲击晋语区，迫使陕北方言向中原官话靠拢、晋语南界不断退却。晋语区南部五县入声仅保留在少数口语中，认字音已无入声，就是中原官话冲击的结果。因此，可以认为今天晋语区是在这两种相反力量共同冲击下形成的动态平衡。

第二节 陕北方言词汇列举

1. 婆姨、后生等称呼

2015年2月13日，习近平总书记来到陕西考察调研，第一站就是他在延安插队的村庄延川县梁家河村，在向村民们介绍自己的夫人彭丽媛时，习总书记亲切地称“这是我婆姨”。

陕北方言中称呼妻子或已婚女人为婆姨，民谣中也有“米脂的婆姨，绥德的汉”。把“妻子”称作“婆姨”在全国并不多见，所以能看到的文献资料并不多。有学者认为，“婆姨”一词源于佛教。佛教称女居士为“优婆夷”。唐《敦煌变文》：“优婆赛者，近佛男也。优婆夷者，近佛女也。”“优婆夷”是梵语upasika的汉音译，在译经里经常简作“阿姨”“阿夷”，三国时已有之。当初佛教传入中国时，信奉的人并不多，但是到了后来佛教兴盛，人人信佛、家家女居士，很多人的老婆都被称作是“优婆夷”。陕北方言中一个基本词汇竟然是来自于佛教外来

婆姨

语，令人有些怀疑。因为基本词汇和人们的生活息息相关、密不可分，所以是本民族语言固有的可能性较大，从外族引进来一个新说法的可能性较小。汉语词汇非常丰富，指称“妻子”的说法有很多，除了“妻子”之外还有“内人”“内助”“妻小”“媳妇”“夫人”“孺人”“太太”“娘子”“婆娘”等。“婆姨”和汉语词汇中的“婆娘”最为接近。

另外，在陕北，一般会把没结婚的女性叫“女子”，再小一点的叫“女女”。

当梁家河的乡亲们见到习总书记时，激动地称当年的“好后生”回来了，陕北方言“后生”就是小伙子的意思，“好后生”自然就是称赞你是一个好小伙子，踏实又勤劳。

后生

“后生”这个词其实很容易理解，有一句成语“后生可畏”，意思就是指青年人势必超过前辈，令人敬畏，这里的后生就是这个意思。

习总书记在梁家河当年住过的窑洞跟前，指着另外两孔窑洞对刘金莲说“你大你妈住这间”，这里的“大”意思就是爸爸。

而当“大”这个词叠加起来，变成“大大”的时候，却不止表示爸爸，他指父亲的弟弟或者比自己父亲年龄小的叔叔辈。也就是说“大大”等同“叔叔”，所以陕北人会有很多的“大大”，他们称之为“二大”“三大”……“猴（音译）大”，“猴”就是指小的意思。“猴孩儿”自然不是说你的孩子长得像猴子，而是对小孩的统称。“猴”在陕北方言可以统称所有小的东西，比如老婆嫌老公买的钻戒小了，就会说：“这个戒指上的钻石也太猴了。”

陕北方言里还有两个比较独特的称呼“姑舅”“两姨”。“姑舅”指的是你的表兄弟姐妹，无论男女，都叫“姑舅”。而姨兄弟姐妹都叫“两姨”。如果一定要探究其出处，《红楼梦》里曾记载过：“咱们是姑舅姐妹，宝姐姐是两姨姐妹，论亲戚也比你远。”其实这两个称谓直接按照字面意思理解就好了：姑姑和舅舅家的孩子，叫姑舅；姨姨家的孩子，叫两姨，无论男女。

2. 生活

陕北老年人把“毛笔”叫“生活”，的确是很有意思，但是分析起来却很令人费解。把“毛笔”叫“生活”并不仅限于陕北，甘肃、晋南、关中都有此说，而且很有来历，时间也不短，最晚在清代就有此说。用“生活”一词指代“毛笔”是很有意思的事，道出了古代文人的心声，即“万般皆下品，唯有读书高”。只有好好读书，谋取功名了，才能摆脱“劳力”之苦，才能生存下去。可见，古代文人的命运是悲哀的，手无缚鸡之力，四肢不勤、五谷不分，如若名落孙山、不能考取功名，其结局很可能是孔乙己的翻版，穷困潦倒一生。旧式文人读书离不开写字，写字离不开毛笔，所以“笔”就是“生活”，“生活”靠的是“笔”，甚至有时候即便是没有考取功名，但是如果能用毛笔写得一手好字，也可以像孔乙己那样去谋生、去生活。

妙笔生花

我国著名语言学家、北京大学的王福堂先生则有另一番见解。他说该词与唐代的一个传说有关。五代后周王仁裕《开元天宝遗事》中说：“李太白少时，梦所用之笔头上生花，后天才瞻逸，名闻天下。”可见“生活”应即“生花”。“生花”在传说中用来比喻诗才神奇地提高，但现在转而用来指毛笔的代称，就逐渐和传说失去了联系。因此王先生认为，“生活”即是“生花”的音变的结果，有个成语不是就叫“妙笔生花”吗？

3. 熬

这一个字是陕北人对生存的全部表达。陕北过去被联合国教科文组织认为是不适宜人生存的地方，并且惊呼“能在这片土地上生活，简直是人类生存的奇迹”。但是陕北人却乐观、顽强、坚韧地活着。“好死不如赖活”，这不仅仅是陕北人的生死观，又何尝不是中华民族生生不息的人生观？中华民族是一个苦难民族，然而她并没有在苦难中沉沦、死去。活着就是一种希望，活着才能浴火重生。但是，活着又谈何容易？叔本华说：“人活着就是痛苦。”美国人福克纳在《喧哗与骚动》的末尾说：“上帝死了，但是人还活着。人必须活着，活下去。”史铁生在《我与地坛》中说“握手，拥抱，好好活着。熬”。

4. 眉眼圪都子

陕北话把“额头”叫“奔颅”或者“眉眼圪都子”。叫“奔颅”很好理解，显然是存古的遗迹，因为“颅”是古汉语词，就是指“头”。而叫“眉眼圪都子”就有点不好理解，这个“圪都子”到底是指什么？“眉眼”是用了借代的手法，用部分指代整体“脸部”，因为“眉眼”是脸部最重要的两个部位。陕北人骂人不说“你不要脸”，而说成“你不要毬眉眼”。

5. 挨腰

陕北方言把口袋叫“倒衩”或者“挨腰”。“倒衩”的说法陕北方言中比较普遍，“挨腰”比较特别。大概是旧式的大襟衣服口袋正好在腰间。人们出门赶集或者办事情总是谨小慎微，把钱别在腰间是最放心的。所以口袋设计在靠近腰间也是最安全的了。但是，到了今天，口袋装东西的功能已经退居其次，有时候完全成了摆设，成了装饰品，所以口袋也就不一定挨住腰了。

6. 壮袄

“壮”在陕南是一个动词，意思是把棉花或棉絮放进缝好的布里面去，如：壮被子、壮棉袄、壮棉裤、壮褥子。壮，《广韵》去声漾韵侧亮切，行装义。《集韵》：“行具。”“壮袄、壮裤”在陕北方言中是偏正结构，“壮”是动词充当定语，在陕南方言中是动宾结构，名词性短语可以说成“壮的棉袄、壮的棉裤”。

7. 藏麻猴儿

普通话中的捉迷藏，陕北多数地方叫“藏猫”或者“藏猫忽鲁”，但是陕北吴起话却说成“藏麻猴儿”。捉迷藏是小儿戏耍的游戏，把这些天真无邪的儿童比作是“麻猴儿”显然要比比作“猫”更贴切。

藏猫

再加上猴子天性多疑、胆小，见到异常的情况赶紧躲在树背后且有好奇之心，偷偷探出头想看个究竟。小孩儿捉迷藏也是这样的，躲起来的人既怕别人发现自己，但是如果等了老半天，同伴还没有找到自己时，就又忍不住偷偷把头探出来偷窥一下找寻者，猴子的这个动作与小孩玩游戏的举止竟是如此的神合。

8. 赖大家的

“家”作为词缀，在陕北方言中用法分为四种：一是附加在称谓词后或其组合后头，指一类人；第二种是附加在男人人名或姓后，表示“某某的妻子”；第三种是附加在亲属称谓后面，指“某门亲属”；第四种是附加在姓氏或人名后面，指“某家人”。第二种用法，陕北方言表示“某某的妻子”时，曹雪芹的《红楼梦》里面仍然有此种说法。比如把赖大的媳妇叫“赖大家的”，是纯粹的北方方言活化石。明清时期，“家的”加在男子名字后面表示该人的妻子，多用于民间和下人。《红楼梦》第九十七回：“这里李纨和林之孝家的道：‘你来得正好，快出去瞧瞧去，告诉管家预备林姑娘的后事。’”《儿女英雄传》第十二回：“一时晋升家的、随缘儿媳妇也换了件干净衣裳，知会了外面的人，跟了大爷过去。”

9. 逗诳

说笑话。来自佛家的“打诳语”，所谓“出家人不打诳语”。在中华民族历史悠久、光辉灿烂的传统文化中，佛教是其中不可分割的重要组成部分，曾长期与儒、道二教鼎足而立，既互相比较、对立、竞争，又彼此吸收，从而极大地丰富和充实了中国的传统文化，对中国哲学、文学、语言、美术、雕塑、音乐、建筑等文化形态，乃至中国民众的生活习俗，都产生了极为深远的影响。佛教文化是中国传统文化的一部分，其实自魏晋南北朝以来的中国传统文化已不再是纯粹的儒道文化，而是儒佛道三家汇合而成的文化形态了。佛教自从东汉初年传入我国后，经历了 2 000 多年的洗礼，它已渗透到了中国社会的各个领域，并产生了广泛的影响。因此可以说不懂佛教就不能全面弄懂中国文化。正如我国著名佛学家赵朴初先生所说的那样："现在许多人虽然否定佛教是中国文化的一部分，可是他一张嘴说话，其实就包含着佛教成分。我们日常流行的许多用语都来自佛教语汇，如果真要彻底摈弃佛教文化的话，恐怕他们连话都说不周全了。"

10. 解不下

解不下，在陕北话中的意思是"不知道，理解不了"。这又是一个活在人们口中的古语词。《切韵》对"解"的解释是"晓也"，即明白的意思。贾平凹在谈到《秦腔》的创作时说："农村的文化形态就表现在日常琐碎生活之中，表现在那些看似鸡零狗碎的泼烦日子里。以往许多写农村的作品，写得太干净，像是把树拔起来，根须上的土都在水里涮净了。"在贾平凹看来，古典汉语与方言是天然地联系在一起。这些散落在民间的古语词，听起来很土，但是经过挖掘调度、刮垢磨光，可以赋予其新的生命力。于是这些在现代汉语书面语中已经消亡的词义在人们的口头方言中得到了复活，并给人以全新的阅读享受。可见，方言土语非但不土，而且很厚重、很文雅。

11. 白汉

陕北吴起方言把“不识字的人”叫“白汉”，这与周边的陕北方言不同。陕北很多地方把“不识字的人”叫作“睁眼瞎”，出语伤人。相比之下，吴起的说法更文雅。“汉”如前文所述在陕北方言中既可以泛指“男人”，也可以特指“丈夫”。比如民谚所说的：米脂婆姨、绥德的汉。这里的汉就是指“男人”，所以“白汉”就是指“不认识字的男人”。因为在封建社会，妇女要遵循三纲五常，“女子无才便是德”。所以妇女不识字是正常的，事实上绝大多数妇女也的确不识字，所以在吴起话中“不识字的人”叫“白汉”，显然是不考虑妇女的。

12. 嚎

陕北方言说“嚎”，不说哭。“嚎”在《水浒传》里有段耐人寻味的描写。说“妇人之哭有三种。有泪有声谓之哭，有泪无声谓之泣，无泪有声谓之嚎。当下潘金莲干嚎了几声”。这样回环往复的文字真是神来之笔，诙谐洒脱。潘金莲与西门庆勾搭成奸，谋害死丈夫武大郎，所以她心中的悲伤是强装出来的，她既不会真哭，也不会心有戚戚焉的泣，只能是嚎上几声。当然，陕北方言中的“嚎”与此不同，嚎肯定要出眼泪的，有时候甚至连鼻涕都嚎出来，说成“嚎了一鼻子”。在陕北方言中，“鼻子”既可以指普通话中的“鼻子”，还指“鼻涕”。

13. 胡齐

陕北吴起人把土疙瘩叫“胡齐”，只知其音，不知其意，而且从字义上也百思不得其解。吴起过去生活着很多少数民族，历史上吴起归属依次为前燕（鲜卑）、前赵（匈奴）、后赵（羯）、前秦（氐）、后秦（羌）、大夏（匈奴）、北魏（鲜卑）。后经唐、宋、元、明、清，有契丹、党项、女真等少数民族在这里建立政权，汉族同各少数民族经过漫长的交往、融合，得以发展至今。这些为陕北文化注入了丰富而独特的文化内涵。这些少数民族被汉族同化后，只有极少数词语还残留在吴起方言底层中，也许“胡齐”就是陕北方言中仅存的几个少数民族词语之一。

14. 平漾漾

陕北方言中把地或者什么东西“平”叫“平漾漾”。这个“漾漾”是个词缀，没有意思，但是却增添了形象色彩。一江春水、碧波荡漾，微风拂过，湖水是怎样的平静呀。陕北地处黄土高坡，没有湖水，但是陕北人却不乏想象力，把湖水的“平”移植到地面的“平”，需要穿越时空的灵感。当然，还有另一种可能。陕北过去是蛮荒之地，很多获罪的犯人被流放到这里。加上陕北又是边防重地，为了充实边关，戍守边疆，政府还强制南方很多人口迁徙至此。今日之陕北人很多没有见过碧波万顷的湖水，但是他们的祖先以前可能天天和水打交道。斗转星移，生活在这片土地上的人们代代相传、生生不息，可是不变的是那“秦时明月，汉时的关”。

15. 圪贝山尖

陕北人形容“高”，很夸张，说“圪贝山尖”。这与普通话的“高耸入云”有相似的奇妙之处。只是陕北人更朴实一些，夸张得不那么离谱，只说高得快要摸着山尖了，却不敢妄想高得快要冲破天了，足见人们对高山的敬仰、崇拜和亲切。

16. 菩萨

陕北人把“太阳”除了叫“日头”和“太阳”之外，还有一个别样的说法叫“菩萨”。这种有趣的说法，很耐人寻味。太阳给人们光明和温暖是肉体上的，而菩萨给人们点燃希望之火，保佑人们平安幸福却是心灵上的。这种灵与肉的结合，神与物的统一是那么的和谐自然，但你却不得不为陕北人民的想象力感到震撼。

17. 黑霜

陕北方言中把“下霜”叫“降黑霜”。乍一看，不明白，“霜”明明是水固体化形成的，颜色是白色的，怎么陕北人却偏偏说成是“黑色”的呢？后来一琢磨：这个黑，不是说颜色是黑色的，而是指夜晚，也就是“天黑了”。霜正是在人们熟睡的时候，悄悄地在黑夜里降临到人间的。

18. 髽髻（zhuā jì）夫妻

过去，陕北婚丧嫁娶十分讲究，仪式也十分烦琐。新婚之夜，新郎、新娘互相交换杯子喝一点酒，叫“喝交杯酒”。然后夫妻进入洞房，铺完床后，夫妻背靠背，然后新娘把自己的头发搭在新郎肩上，由丈夫给新娘梳头，表示已经结婚，妻子从此以后只能梳成妇人式的园并头，再不能梳成髽髻式的小姑娘的辫子了。过一会儿，嫂子辈又端来两碗“扁食”，新郎新娘共同食之，谓“喝儿女汤”，祝早生贵子。新娘背坐在米斗旁，叫“背圪塄”，新郎也陪坐一旁。

陕北有名的剪纸“抓髻娃娃”，这里的“抓髻”就是小孩特有的发型，《诗经》上有“婉兮娈兮，总角丱兮。未几见兮，突而弁兮”。“总角”是古代男孩子将头发梳成两个发髻，等到20岁弱冠的时候，就要戴上成年人的帽子，行成年人仪式，也就是要告别“总角”式的发髻。真不知陕北的抓髻与《诗经》中的“总角”有几分相似，或许是直接的传承也未可知。

19. 树圪巴

陕北很多地方把啄木鸟叫“得木子”，吴起话更形象，用了一个象声词“圪巴”，很有形象色彩，也就是啄木鸟在啄树的时候会发出“圪巴圪巴”的声音，让人有如闻其声、如临其境的感觉。

20. 水棒槌

棒槌是妇女们下河洗衣服用的木制器物。陕北吴起方言却把“蜻蜓”叫“水棒槌”，二者看似风马牛不相及，但是“蜻蜓倒立在水中”不正像一个竖在水里的棒槌吗？你不得不为陕北人民细致入微的观察力和丰富的想象力感到吃惊。吴起方言中还把“七星瓢虫”称作“拦羊娃儿”，形象逼真，用了拟人的手法。

21. 伢伯子

陕北人妻子称呼丈夫的哥哥为“伢伯子”。先秦时期人们称呼大伯子为“兄公”，后世仍见于字书，如《尔雅·释亲》：“夫之兄曰兄公。”后来有兄伯的说法。如《史记·丞相世家》里有“负诫其孙曰：毋以贫故，事人不谨。事兄伯如事父，事嫂如母”。后世学者认为这是称丈夫的兄弟为伯的最早记录。重叠的“伯伯”见于元明时期，如《水浒传》第四十九回，孙立道：“婶子，你正是害什么病？”顾大嫂道：“伯伯拜了。我害些救兄弟的病。”又《醒世恒言》卷二十九：金氏向前道了万福，问道：“请问令史：我家伯伯可在吗？”“大伯”之称见于元明时期，如《醒世恒言》卷三十五：徐召道：“大伯昨日要把牛马分与你，我想侄儿又小，那个去看养，故分阿寄来帮扶。”后来也称作“大伯子”，如《红楼梦》第四十六回：“老太太想一想，也有大伯子要收屋里的人，小婶子如何知道？”

延安、宜川、延长等地的“大伯子”称谓是“阿伯子”，吴起方言称作“伢伯子”。其中的“伢”指小孩儿，如湘语中把小孩儿叫“伢崽”，赣语中把小孩儿叫“伢子”，陕北神木把小孩儿叫“孩伢”。所以“伢伯子”是套用孩子的称呼，即“娃娃他大伯”。同样的用法在关中话中很普遍，比如丈夫称呼自己的妻子是“娃他妈”，妻子称呼自己的丈夫为“娃他爸”。

22. 灶马爷爷

陕北人把“灶王爷爷”叫“灶马爷爷”。有意思的是吴起人骂人很特别，不说让你“拉肚子”或者“跑肚”，觉得这样还不解气，于是说成“叫你灶马爷爷拉三天稀”。意思是叫你不得安宁。中国人敬神、畏神，但是把人给惹毛了，连你家的神灵一起骂，真可谓口中不留情呀！

灶君

23. 一搭里

陕北方言中把“一起”“一块”叫“一搭里”“一搭儿”。据说，几个陕北后生去南方打工，老板问他们是哪里人？后生们回答道：我们是一搭里的。把个南方老板吓了一跳，因为他听成了“意大利”。但是他左看右看怎么看也不像是“外宾”，最后终于搞清楚了，的确是“内宾”。“一搭里”在元明时代的口语中大量使用。如《梧桐雨》：“沉香亭畔晚凉多，把一搭儿亲自拣拣。”《潇湘夜雨》：“倒不如你也去一搭里当天。”《金瓶梅》第二十七回：李瓶儿道：“咱两个一搭里去，奴也要看姐姐穿珠花哩。”第二十九回：“我才描了一只鞋，教李大姐替我描着，径来约你同去，咱三个一搭里好做。”

24. 倭瓜

陕北人把南瓜叫“倭瓜”“番瓜”。可见，这种植物是来自于少数民族。汉民族古代一直屹立于世界民族之林，唯我独尊，以自己是炎黄子孙、龙的传人而骄傲，别的民族在他们眼里都是未开化的野蛮民族。所以，在我国古代称呼北方少数民族是“北狄”，南方的少数民族是“南蛮”，彝族是“猡猡族”，瑶族是“猺族”。从这些字眼中，我们可以看出来古代的汉人是十分轻视少数民族的，认为他们是动物（反犬旁），或者是虫（“蛮、闽”等字是从虫字旁的），从来没有把他们当人看。陕北过去又是各民族之间相互融合的聚居地，各民族之间取长补短、互通有无。倭瓜便是民族融合的产物之一。南瓜是日常生活中必不可少的食物，可能很多人以为它是我们本民族自产的东西，不知道它竟然也是从外民族引进来的。同样，还有蔬菜“西红柿”有的方言叫“番茄”，这些方言词语为研究这些作物来源提供了重要线索。

25. 耍水船

耍水船

陕北地处黄土高原，水资源贫乏，除了黄河岸边渡口有船之外，很少见到船，更不敢奢谈划水船。陕北很多地方都叫“跑旱船”，为什么独有陕北吴起县这里叫“耍水船”。也许吴起人的先祖们一部分是来自鱼米之地的江南水乡。吴起过去是重要的军事重镇，历代王朝长期与少数民族在此对峙，征伐无数，导致吴起本地人烟稀少，为了充实边防，统治者从江南调来大量民众戍边。“戍楼刁斗催落月，三十从军今白发。笛里谁知壮士心，沙头空照征人骨”。这些戍边的战士有的血洒疆场，有的早已成了白发苍苍的老人，有的就在此繁衍生活下去了。总之，能够活着回到自己魂牵梦绕的故乡的人寥寥无几。于是，他们只好通过“耍水船”这种民间活动，自娱自乐，借以怀念“竹喧归浣女，莲动下渔舟”的家乡生活，聊以自慰。

陕北方言中还有许多常用的约定俗成的四字词语，我们称之为方言成语，这是人们在长期生产实践活动中形成的能够广泛使用的一种固定词语，概括性极强，具有以下特征：一是基本都是四个字。二是广泛性，在地域上广泛使用。三是概括性。具有极强的概括性，即使用普通话解释很难一句话说清。四是不可分解性。四个字不可以分解，每个字不可以用普通话文字解释，即使用汉语文字书写，也只是音译。如：

撑彭马武（嚣张）　　圪孙猴气（吝啬）
毛塌害死（忙乱）　　班不四塌（不成形状）
恨老踏实（贪婪）　　忙活拾乱（匆忙）
清早马眼（清晨）　　醉打马虎（醉酒）
吐天疙哇（反胃）　　弯腰马爬（驼背）
阴马扫道（天阴）　　干咀六道（长舌）
鬼流石气（撒谎）　　黑林掼拉（不爽）
浅留忽帖（撒娇）　　温哇不济（一种温度）
惊喳二五（叫嚷嚷）　　黑牢二三（吃饭快）

绝筋打马（费力气）

三毛野杂（不文明）

得岭达挂（没精神）

起起处处（窃窃私语）

球装脑袋（反应迟钝）

徐留不灿（为人处世的方式）

霍下霍下（吃法不雅）

死烟的啦（无精打采）

圪底打洞（不想说清楚）

搜皮算卦（不稳重）

冷淘食哇（不热情）

恶水哇恰（不卫生）

尖声仄啦（大声喊叫）

嚎哇哭叫（大声哭泣）

圪嗲利叨（糊里糊涂）

黑水马爬（大汗淋漓）

圪听四塌（说话不负责）

黑底打洞（天黑看不见）

第六章　建筑特色

第一节　窑洞

1. 窑洞的演变

陕西关中地区就是漫漫黄土，在黄土平原上，可以看到一个个状如馒头的塬，它们大小不一，给辽阔的黄土地平添了几分景色。从关中地区一直往北走，黄土土层更加厚实，塬的高度也更胜一筹，塬的形状相应变化多端，各种深沟大壑随处可见，土地愈发支离破碎，这就来到了典型的黄土高原区。

黄土高原是世界上黄土覆盖面积最大的高原，又称乌金高原。位于北纬 34°～40°，东经 103°～114°；东西约 1 000 千米，南北 750 千米。包括太行山以西、青海省日月山以东、关中平原以北、长城以南广大地区。跨山西省、陕西省北部、甘肃省、青海省、宁夏回族自治区及河南省等省区，处在我国第二级阶梯，面积约 62 万平方千米，海拔 800～3 000 米。陕北地区是典型的黄土高原区。

陕北黄土颗粒细小，质地疏松，具有直立性，这种物理特

窑洞

性，非常适合挖窑洞。即使不是窑洞的建筑，也必然与黄土有直接关系。

由于陕北地区靠近沙漠及草原，地处中温带区，基本上属于中温带干旱大陆性季风气候，又处于西风带，日照充足，四

季分明，气候多变，温差较大，气温偏寒，雨少不匀，春多风沙，夏季多雨，冬季受干燥而寒冷的变性极地大陆性气团控制，形成低湿、寒冷、降水稀少的气候特点。在过去那种缺少取暖燃料的时代，这种气候特点，对居住的要求是尽量冬暖夏凉，而窑洞刚好具有这种特性。

传说中的轩辕氏黄帝就出生于今天陕北延安的桥山一带。黄帝生活于父系氏族时代，当时的房屋以地穴式和半地穴式为主。2004 年，考古工作者在陕北吴堡县发现了两座新石器时代的城池，城池中有窑洞式建筑多达 70 余座。经过考古工作者对窑洞的复原，发现这些窑洞的建筑材料为木架和草泥，其形式是洞穴式或者浅洞穴式。可见，早在原始社会时期，在陕北地区就利用黄土修建民居。一直到周代，陕北地区的建筑都是这种半地穴式的风格。

到了秦汉时期，陕北的建筑式样由半地穴式演变成地穴式，一直延续至今，这种民居形式改变了之前必须利用木材搭建房屋框架的做法，而是直接在深厚的黄土中挖掘洞穴居住。

此后，在窑洞建筑上也有一些变化和改进。到了明朝时期，为了增加窑洞的美观和坚固性，有钱的人家开始用大块条石做窑洞的面墙。到了清代，有人开始尝试用石头砌起了窑洞。但不管怎样，土窑洞还是占绝对数量。

2. 窑洞的特色与类型

陕北地区纬度较高，有些地方还处于沙漠或草原边缘，四季变化非常明显。冬季天气寒冷干燥，气温一般都在摄氏零下10度以下，有时甚至达到摄氏零下30度。夏季温度也非常高，特别是沙漠边缘地区夏季温度最高可达到摄氏40度，而且昼夜温差比较大。这样的气候特点要求人们在修建住宅时既要考虑冬季保暖，又要考虑夏季凉爽，而窑洞刚好有这样的功能。据有经验的陕北老农说，一口土窑洞，冬天窑内温度要比室外高摄氏8度左右，石窑保温效果就差一些，比室外温度大概高出摄氏6度，如果再烧上炕，完全能过一个暖冬；到了夏天，外面非常炎热，但进入窑洞，一股清凉会迎面扑来，一口土窑的温度比外面的温度要低摄氏10度。这么好的保温降热功能，难怪陕北人世世代代喜欢住在窑洞里。

窑洞还可以节省耕地。陕北地区面积非常大，但由于气候等原因造成沟坎梁峁非常多，一些地方沙地草地盐碱地较多，不适合耕种。昔日陕北是典型的靠天吃饭地区，农民普遍采取广种薄收的生产方式，土地的单位亩产都不高，养活一家人需要更多的土地，因此农民们把能利用的土地都利用上了，就这样一年也过得紧紧巴巴，经常靠杂粮野菜渡过难关。因此耕地对陕北人来说尤其金贵，没有人愿意拿一块上好的平地去修房盖屋。窑洞刚好解决了修房建屋不占用耕地这一问题。农民们只需要在一个土坡下面选择地势便利、便于开挖的地方来挖窑洞就可以了。

到过陕北的人都知道，陕北的窑洞五花八门，有独立一孔的，有层层叠叠建在一起的，样式也是不尽相同。研究者大体将窑洞分为靠崖式、独立式、下沉式三种类型。

靠崖式窑洞又被称为靠山窑或土窑。这种窑洞就是依靠自然的山体或者土坡等有利地势掏挖成的窑洞。

靠崖窑首先要选择好一个土坡，这里有当地居民对风水学的理解与应用。民间认为一块风水好的地基应该具备以下要素：一要背山面水；一要负阴抱阳，即房子修建方位要坐北朝南，这样会充满阳气；一要做到前有明堂，后有祖山，即前面有一块开阔地，开阔地越大越好，越宽大吸纳的生气越多，宅主人越能得到滋润，事业、家庭等均受益，后面有一座山靠着。

有人对府谷县靠崖窑实地考察后认为：当地人在宅基的选择以背风向阳，土质均匀，土脉平行，出入方便，安全，离水源近，环境优美为着眼点，择善而从。从风水的角度考虑，有许多讲究：一是讲究向阳山弯，背山雄厚，山脉深长，此为孝福聚气，可使主人增运固福；忌在山尖、山嘴、刀背山脊处建

靠崖式窑洞

窑，认为这些地带福薄运浅。二是讲究前视宽广，忌窑浅逼窄及面山过高、过近或破败狰狞，忌冲墕口和冲沟临岔。认为宽广主富贵，财源茂盛；逼窄即如大山压顶，后代不兴旺，人无远见，胸怀小，欠聪明，难发迹；临破坬则山破人悲，居宅不宁，人多病；不避冲墕口则后人不走正道，不发展。窑前临河，“宁眠弓湾水，不居弓背水”。认为前者聚财主富，后者流财主贫。三是讲究远离庙宇、墓地，人们既敬神又畏鬼，对神灵不能有丝毫亵渎，对鬼则避而远之。四是讲究坐字。民间认为，修窑绝不可占子、午、卯、酉四字，即正北、正南、正东、正西四个方向，因为四字太“硬”，只有庙宇、衙署才能在此修造。一般人家因福薄运浅，服不住这样的尊位，强占则会多灾多难、损运折福、家败人衰。

一般空窑洞的坐字是八卦中的乾、艮、巽、坤四个字，陕北修窑多用乾山巽向、亥山巳向、壬山丙向、辛山乙向（以上坐西北向东南）和癸山丁向、丑山未向、艮山坤向、寅山申向、甲山庚向（以上皆坐东北向西南），对应反方向坐字极少用。方位选好后一般也不正坐，仍要偏左或偏右三分。府谷人修窑洞，习惯上修单不修双，即一排宜3、5、7孔，很少修2、4、6孔。

选好风水宝地后，就开挖了。这种窑洞的挖掘相对简单，人们在选择好的土坡横截面上一直往里挖，挖出自己想要的大小和样式的窑洞。由于土坡有一定高度，因此一块好的土坡人们会很密集地挖窑洞，可能会挖出许多层排列整齐的窑洞，美观大方。靠崖式窑洞由于利用地势之便，开挖起来比其他类型的容易，而且也很厚实

独立型窑洞

坚固，陕北地区一些很有名的窑洞都是这种类型。如米脂的李自成行宫窑洞，延安的枣园山村窑洞、延安大学窑洞等。

独立型窑洞非常特殊，其实就是修建在地面的平房，只不过为了防寒保暖往往背靠土塬而已，而且修好平房后，往往要在平房顶上覆盖一层厚土。独立型窑洞门窗往往也设计成窑洞的拱券式门窗。由于屋后紧贴土塬，因此后墙不开窗。一口修建时间较长的独立型窑洞，屋顶的厚土会慢慢长出茂盛的杂草和小树，远远望去就像在土里挖掘出的窑洞一样。这种窑洞应该是受到我国传统的地面民居的影响，再结合窑洞风格的一种完美结合体。

独立型窑洞由于需要大量的建筑材料，因此造价很高，但陕北独立型窑洞的数量还是相当多，这是为什么呢？我们可以这样考虑，虽然选一座地势非常好的土塬挖掘一口靠崖式窑洞，保暖及防暑效果要好得多，花钱还少。但不是每一个土塬都适合开挖窑洞，要看土塬的厚度、土质情况而定。另外，需要考虑许多因素，首先看选的地基是不是水源便利，其次要看修窑洞的所在地交通是否便利。如果这两个基本条件都不能满足，就是再好的地势人们也不会考虑修窑洞。因此，陕北虽然沟坎梁峁众多，但真正适合修靠崖式窑洞的地方并不多。于是，独立型窑洞应运而生。

陕北人有一首民谣形象地描绘下沉式窑洞："进村不见村，树冠露三分，麦垛星罗布，户户窑洞沉。"据相关研究认为，下沉式窑洞的出现也是由当地特殊的地理、地形条件决定的。前面说过，不管是靠崖式窑洞还是独立型窑洞，都必须以一个土塬为修建依托，而地形开阔、地面平坦的地方就没办法修这两

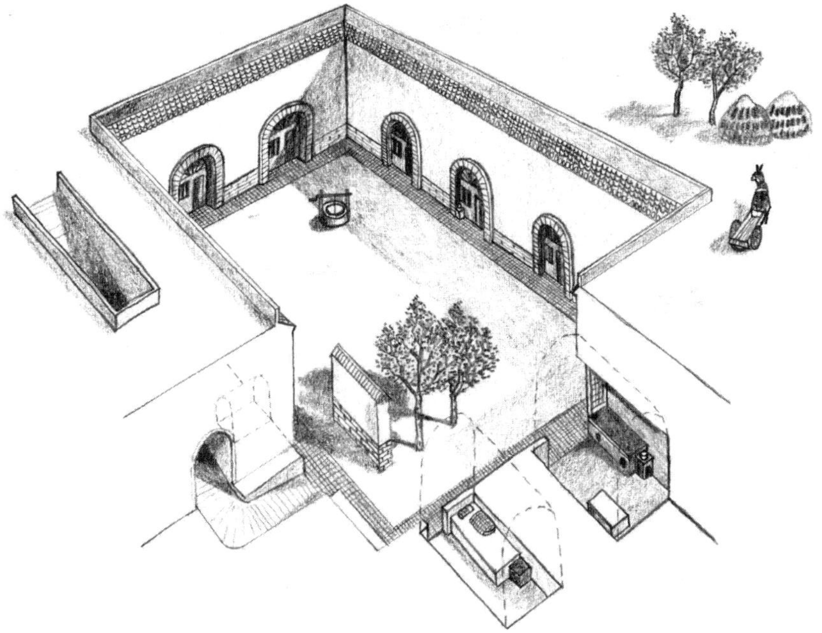

下沉式窑洞

种窑洞。于是，陕北地区的先民发明了一种新的窑洞挖掘技术，这就是下沉式。据说下沉式窑洞在世界范围内绝无仅有。

作为一种人为创造窑洞开挖条件的窑洞修筑方式，下沉式

窑洞先要在平地上挖一个地基。这块地基的大小与窑洞修建者家庭人力、物力、财力关系重大，人力、物力、财力越雄厚，就会开挖一个较大的地基，作为院落，也便于多人居住。但据有经验的工匠介绍，开挖地基的面积不宜过大，长宽通常控制在9~10米为最佳。这是为什么？

有经验的陕北老农说，黄土的内部结构谁也无法从土地表层看出来，只有往里面挖的过程中，才能慢慢发现。如果挖好一个坑基后，发现地下土层较稀松，土层中有很多裂纹，就说明存在安全隐患，只能废弃，重新择地开挖。弃地挖得坑越大，耗费的人力物力财力越多，实在可惜。因此，普通家庭一般不会选择开挖太大的地基。

但地基也不能太小。虽然窑洞的居住空间，都是由开挖好的地基四周向里面挖掘，地基大小不会影响居住空间。但开挖的地基却相当于一套四合院的院子。如果院子太小，人住在里面活动空间就非常狭小。而且，下沉式窑洞，四面都深埋于地下，空气流通全靠院子来进行，如果院子太小，空气流畅情况会很差，就会觉得憋屈。

说完地基大小后，再谈谈下沉式窑洞地基的深浅。据有经验的老农说，下沉式窑洞地基深度最好是10米左右。太深需要耗费更多的人力物力财力，而且深度够打窑洞就行了，也不需要那么深。如果太深有一件事情不便，下沉式窑洞是深入地下的，人如果想要到地面上活动需要爬上台阶，太深就意味着台阶很高，走上地面费力，家中有老人小孩的尤为不便。

下沉式窑洞的地基也不能太浅。地基四周的墙面是挖窑洞用的，窑洞为了居住舒适有一定的高度要求，如果地基太浅，挖掘的窑洞顶部土层就显得很薄，这样窑洞顶的安全性就受到很大影响。当人们外出活动时，窑洞顶部是主要通道，而且窑洞顶部也是晾晒粮食的主要场所，顶部不厚实，人们活动频繁有将顶部踩塌的危险。

3. 窑洞的修建

陕北有一句俗语说得好："修窑盖顶，一世最忙。"修窑又被称为"修造"或"修产业"，作为人生中的大事，陕北人格外重视。在建窑过程中，要举行许多庄严仪式。

当地基选定后，就可以破土动工了。但在中国人传统观念里，破土动工是一件大事，必须选择良辰吉时，这样工程才能顺顺利利。陕北人会根据选定的坐向看山"空不空"，如果山"空"，就宜于动土，山不空就不适合动土，如果强行动土，就会触动太岁，也就是俗话说的在太岁头上动土，据说会引来大祸。但即便在适合动土的情况下，也必须选定一个黄道吉日才能开工。

在陕北人的习俗中，在开工前必须先上三炷香，放三挂炮，来祈求修建过程一帆风顺、平平安安。仪式之后，主人招呼帮忙的人将地基的虚土和老土铲除。接着根据山势，将土坡斜面修成平面，有了这个笔直的平面才能开凿窑洞。开凿窑洞不能将工程铺得太大，就如同下沉式窑洞修建一样，还得试探地基是否适合挖掘窑洞。因此，通常情况下人们会先只开一个一米高宽的小窑洞口，将窑口向里挖掘两米，进一步观察这一坡面的土质到底适合不适合"修造"。如果适合，就可以开工挖窑。挖掘的程序是先将最初的窑洞开口扩大，继之深挖，当挖到四五米的地方就要注意留出灶台和土炕。当窑洞被扩挖到高四米、宽三米，深七八米的上圆下方的地步，就基本成形了，接下来就是细节修建和装饰工程了。

人们在窑洞内生火做饭，到了冬天还要烧炕取暖，都要产生大量的烟，而窑洞通风和透气性都较差，如何将大量的烟排出去，是一个非常重大的问题。

我们的祖先住在山洞中，为了取暖，也往往会生篝火，篝火产生的大量烟雾在洞中弥漫，很难在短时间内被排尽，使人呼吸不畅，咳嗽不止，严重的甚至造成人员死亡。后来时间证明，如果山洞中有一些小洞和外部相通，这些烟雾往往可以通过孔洞排出。后来人们在生火做饭或取暖的房子中预留出通风的孔洞用以排烟。这些孔洞慢慢发展成烟囱。法国一个考察队在考察人类四大文明发源地之一的幼发拉底河附近时，发现了马里古城废墟。这里有一座 4 000 多年前的宫殿废墟，就设有许多用于排烟的烟囱。当然，我们的祖先很早也使用烟筒排烟。

但比之传统的地面建筑排烟，窑洞的排烟显然困难一些。陕北人窑洞中的火是做饭、烧炕两用的，因此灶台的烟筒就必须通过炕下面，将灶坑中燃烧热量的一部分引到炕下。烟筒出了炕头，还必须在窑壁上再凿出一条排烟通道，通常情况工匠们会在窑壁挖一条 1 米多长、0.3 米多深的土槽，一直挖到窑洞的上塬处。这时就必须对上塬和地面之间的部分做一些技术处理，工匠们会在正对着窑洞内烟筒位置的上塬部分凿一个土洞，然后用杆子绑上铁铲，在土洞中用铁铲做上下运动，随着土洞的加深，可能会不断增加杆子的长度，直至铁铲捅破地面土层，烟筒完工。

窑洞开挖好后，有些家庭为了保证窑洞牢固，主人会用一些上好的粗木头加固窑洞：先用几根粗壮结实的木头竖立在窑洞内，之后在窑顶搭上横木扩大支撑窑顶的面积。经过加固处理后，窑洞的坚固程度就更高了。

窑洞修筑的最后一项工作是合龙。合龙与其说是修筑窑洞工程的一部分，还不如说是祖先遗留下来的一种仪式。合龙也就是在窑洞修建过程中，工匠们故意在窑洞中间的顶部留下一个缺口，这个缺口在窑洞修建完后需要用东西补上，用什么东西补呢？当然，不能随便捡一块东西补上，而是主人应该提前准备一块合龙石，据说这块合龙石有辟邪镇宅的作用。合龙石被放入缺口后，就宣布整个窑洞工程的完成。合龙时也就是人们庆祝新房盖成的时候，这时主人会在合龙石旁悬挂一个吉祥物，最普遍的吉祥物是装着五谷杂粮的红布口袋，这些五谷有小麦、谷子、高粱、玉米、黍子等当地特产，有的人家也会挂上五色布条或者五色丝线做吉祥物。据当地人说，之所以挂这些红红绿绿的吉祥物，是祈求新窑建成后能福星高照、家庭和睦、六畜兴旺、五谷丰登、衣食丰足。

合龙的时间也有讲究，一般来说都会选择在正午 12 点合龙。12 点整点，工匠和主人爬上窑顶将事先准备好的合龙石镶嵌进缺口处。这时，鞭炮大作，主人家请来的鼓乐班也开始吹吹打打演奏起欢快的乐曲。人们都面带笑容欢呼着“合龙了”，这时主人家拿出事先准备好的馍馍、硬币、糖果、五谷向人群中撒去，人们纷纷弯下腰捡拾，这一仪式被称为“撒粮馍”，将合龙活动推向高潮。仪式举行完后，热情好客的主人会摆出流水席，让乡里乡亲们尽情地吃喝，欢笑声、嬉闹声、划拳声响彻整个山沟。

4. 陕北著名窑洞

一提到米脂，大家不约而同地想到陕北流传的这样一句话“米脂的婆姨绥德的汉，清涧的石板瓦窑沟的炭”，其实米脂除了婆姨出名外，还有其他知名的东西，其中尤以一些清代或民国遗留下来的窑洞庄园有名，杨家沟马氏庄园和刘家峁村姜氏庄园尤为著名。

（1）米脂马氏庄园

人民子弟兵当年转战陕北地区，伟人毛泽东、周恩来等曾在榆林杨家沟的马氏庄园居住过。如今马氏庄园窑洞已经作为历史文化遗址被保护起来，窑洞中依然保留着毛泽东、周恩来等人当年居住的陈设。

陕北地区移民的高潮是明朝，当时为了弥补由于战争给榆林沿边地区带来的人口锐减，明政府曾组织过大规模的人口迁徙，大批的山西居民被强制迁往陕北地区。之后，部分山西人也因生活所迫自动迁往陕北。山西移民是陕北地区居民的一个重要组成部分。移民对陕北地区的开发做出了巨大贡献，也促成了陕北特别是榆林长城附近聚落的最终形成。

米脂马氏庄园

马氏家族正是在明朝移民的社会背景下，由山西迁徙至榆林的。明朝万历年间（公元1573年—公元1620年），马氏家族的始祖马林槐自山西永宁州（今离石县）之临邑（今临县）背井离乡迁徙至绥德的马家山。刚开始，马家以农立家，靠开垦耕种土地，过着日出而作、日落而息的农家生活，日子过得也还安康。到了第五代的时候，马氏家族出了一位振兴门楣的人物，他就是马云风，他不甘于过中规中矩的农家生活，举家迁移至米脂杨家沟。马云风非常有魄力，除了继承祖辈留下来的基业外，毅然开始了从商生涯，他的商业活动以运输货物为主。当然传统观念在他的头脑中也根深蒂固，在传统观念影响下，财主们始终认为只有农业才是根本，在运输业做得风生水起的时候，马云风并未将所有资本投入其中，而是购置了大量田产，商业和农业并举，马氏家业由此起步。

在商业以外，马云风也表现出了卓越的见识。他积极兴办学堂，让马氏子侄进入学堂识字读书，为之后家风的形成立下了大功，这也是马氏后人中有人走上仕途的原因。

到了鸦片战争前后，以马嘉乐为代表的马氏后人对振兴马氏基业做出了更大贡献。马嘉乐提倡家族重农抑商，最大限度地扩大发展农业经营，使马家的土地面积急剧增加，马氏家族的势力也蒸蒸日上。马嘉乐除了重视家族发展农业生产外，尤其重视兴办学堂，马氏子侄多进学堂学习。到了 19 世纪，马氏家族的势力盛极一时，成为远近闻名的名门望族。

势力大增后的马氏家族吸引了许多农户前来佃种土地。据一些老人介绍，除了杨家沟的老住户外，还吸引了别的村庄无地或者少地的农民来到杨家沟租种他们的土地。这种局面一直持续到新中国成立前后，据说 20 世纪 40 年代前后杨家沟共有住户 240 余户，仅地主就有 50 多户，到了土改时期地主数量达到 70 多户，是典型的地主经济。据统计，当时杨家沟 70 余户共占有绥德、吴堡等 5 个县的 18 万亩土地，是名副其实的地主集团。

马氏庄园自第一代马林槐开始兴建，但真正开始有规划地建筑是在马嘉乐时期。靠重农抑商发展起来的马氏宗族在马嘉乐的规划下，在乾隆年间（公元 1736 年—公元 1796 年）开始兴建庄园。马嘉乐首先从自己的居所“光裕堂”开始，用堂号为名给自己的子孙兴建窑洞四合院。以堂号为序，按长幼辈分等级秩序统一规划,分层次在杨家沟各山峁为子孙修建了窑洞。这就形成了马氏庄园的主体部分。

清同治年间（公元 1862 年—公元 1874 年）是马氏庄园发展的另一个重要时期。这一时期，陕西和甘肃爆发了回民起义，起义大军转战陕西和甘肃各地，整个陕甘大地成为回民和汉民厮杀的场所，据统计仅陕西由于回民起义损失人口多达 622 万人，许多地方都建城自保。马氏庄园开始修建防御系统，兴修了扶风寨。

进入 20 世纪初期，马氏庄园又经历了一次关键的修建过程。马氏家族的子孙马醒民在出国风气的影响下，毅然东渡日本学习。学成归来后，马醒民开始借鉴日本及西方的建筑风格，对马氏庄园进行了完善，将西方哥特式建筑风格与陕北窑洞文化巧妙融汇，独创了马氏庄园特有的建筑风格。至此，马氏庄园终于成为陕北乃至全国有名的地主窑洞大庄园。

（2）米脂姜氏庄园

姜氏庄园总占地 40 余亩，主体建筑为陕西各地最高等级的

“明五暗四六厢窑”式窑洞院落。整个建筑设计精巧，集居住与防御于一体，是典型的城堡式窑洞庄园，据考证它是全国最大的城堡式窑洞庄园。

提到米脂的姜氏，陕北无人不知，没人不晓。姜氏在清末民初是米脂最大的财主，据说拥有良田万亩，每年仅仅收租一项的进账就能达数千万石，真可以说是富甲一方。

说到姜氏不能不提到姜耀祖，在姜耀祖之前，姜家似乎并非是大富之家，能够让人记住的是他的祖父姜安邦娶了当地的另一个大地主马氏的女儿，成为马氏的乘龙快婿。而姜家真正发家是在姜耀祖这一辈，开始涉足商业，最初他贩卖沙锅，靠着聪明勤劳，沙锅生意做得红红火火，并很快发家致富。有钱后，受传统观念的影响，姜耀祖学习其他财主的做法开始置办田产。随着各种产业收入的不断增加，置办的田产数量也在剧增，姜氏家族很快成为米脂地区的首富。

姜耀祖毕竟是读书人出身，其思想有与一般地主不同的方面。这一点充分体现在他对庄园的修建上，当姜家富甲一方后，姜耀祖于光绪年间（公元 1875 年—公元 1908 年）开始修建庄园。在姜氏庄园修建以前，杨家沟的马氏庄园经过乾隆和同治年间的修建，已经颇具规模。作为马氏的外孙，姜耀祖在庄园修建上，充分借鉴了马氏庄园，经过精心设计，斥巨资，用 16

年时间修成了堪称第一大城堡式窑洞的姜氏庄园。

姜氏庄园在设计上借鉴了马氏庄园注重防御功能的一面，这充分体现在进寨道路及寨门上。由于姜氏庄园修建在土坡半山腰，需拾阶而上，进入姜氏庄园的道路设计也是慢坡而上的，为了让行人及车马都能通行，进寨修有两种类型的道路。道路中间是甬道，它是由一块块打磨较规则的石片竖插整齐排列而成的，

姜氏庄园

这样的路面车马可以在上面行走而且不会打滑，到了雨季还可以当排水的通道。甬道两边是人行道，它是由一块块巨大的青石板砌成的石板路，行人可以拾阶而上，进入庄园。整条道路较宽敞，功能齐全，加上拾阶而上的仰视效果，迎面而来的姜氏庄园显得尤为雄伟，人们肯定会想庄园的寨门一定雄伟气派。

但当行人转过一个90度的弯来到寨门口，大失所望，寨门不但没有想象中的雄伟，甚至显得非常窄小。根据目测，寨门仅供两个人并肩行走或一匹马车通过。寨门上挂着庄园修筑者姜耀祖手书大字"大岳屏藩"。寨门两边都是用大石块砌成的寨墙，高达十米左右，再加上地势的优势，尤显城墙的宏伟高大，如果遇到有人想强行入寨，想通过寨墙难度极大。因此寨门几乎就成为出入庄园的唯一一条通道，而狭小的寨门格局，让人感到真是一夫当关万夫莫开的架势。

甬道的尽头就是掌握全庄园吃水的命脉——水房。常言说："山有多高，水就有多高。"此话在姜氏庄园中得以充分体现，位于半坡中的水房内有一口古老的水井，据说水井的水源来自于山脚下的一处泉眼，因此水井非常深，达30余米。有这样一口水井，无论是水灾还是天旱都不会影响庄园吃水。但如果遇到土匪或兵祸，想要攻打庄园，仅吃水问题，就令他们知难而返了。如此深的水井，其打水全靠一把辘轳来完成。在水槽旁边有一个用白石头砌成的巨大的水槽，用来储存打上来的水。这么一口巨大的石槽是如何搬运上半山腰的？实在令人费解。据姜家后人介绍，这个石槽是由32个石匠抬上来的，据说走到半山腰的地方停搁下来难以挪动，是主人姜耀祖在上面喊着号子，石匠们费了九牛二虎之力才放到井台上来的。

水房不仅仅是供水和洗衣用的，它更是一座用于瞭望防御的建筑。水房共有两个窗户，窗户都是镂空的，通过这些镂空可以将庄园外面所有人的一举一动尽收眼底，如果遇到可疑情况随时可以发出警报。

姜氏庄园的院落分为上、中、下三部分。最靠近寨门的是下院，它是供姜家的管家及佣人住的，也有学堂。下院的院墙上有一排石环，大约有九个，据说这是姜家的拴马石，每年收租子的骡马回院子都拴在这里，管家前来验收算账，可以想象当年姜家收租子时热闹的场面。下院的建筑并不多，正面有三孔窑洞，侧面共六孔窑洞，正面的三孔窑洞是供管家居住的，而侧面的六孔窑洞是佣人们的居室，有部分窑洞是供姜家后生学习的学堂。

中院是主人接待客人的建筑，相当于会客厅。会客厅位于正面，里面布置得雕梁画栋，非常雅致。两侧各有三间厢房以及一些小的耳房，厢房还有通道与粮窖和磨坊相通。姜家的粮窖规模非常大，以东仓为例，东仓中有用于储粮的 12 个大石仓和一些小石仓，据说每仓储存粮食可达 50 多石，每石相当于 200 千克左右，也就是说东仓可储粮 24 万千克之多。这还仅是姜家的一个粮仓。据当地人介绍，姜家最兴旺发达时，其土地不光在米脂一地，在绥德、佳县、吴堡、清涧等地均有姜家的田产，是名副其实的大地主。

上院是姜氏庄园的主体建筑，也是姜氏家族居住的地方。上院设计更加精美考究，建筑是陕北民居级别最高的“明五暗四六厢窑”的窑洞布局风格。这里的明五是指在正面共开有五孔窑洞，为了美观起见，这五孔窑洞都是石窑，被称为上窑，是供主人居住的，据说暗含了“五子登科”的寓意。这五孔窑洞，主人夫妇住在中间的一孔窑洞中，其他的偏房都住在两边的四孔窑洞中。“暗四”是指上窑两侧的窑洞，一共有四孔，被称为暗四间，其有四喜盈门的寓意，它们是主人的厨房和库房。“六厢窑”是指两侧的六孔窑洞，它们寓意是“六六大顺”，这六孔窑洞紧紧地排列于上窑的周围，是供后辈儿孙居住的。“明五暗四六厢窑”一共 15 孔窑洞，15 是单数，据当地人说这个数字有深意，在陕北人观念里单数是增，双数是圆，如果圆满了就不可能再增加了，于是人们在修房造屋过程中尽量取单数，寓意着家里人丁和财富能不断增加，窑洞的孔数也能不断增长。

第二节　城池及城墙

除了窑洞外，陕北地区还有其他以黄土为主要材料的建筑，其中最具代表性的是城池及城墙。城池及城墙历代都有，以下选取陕北地区最为典型的城池、城墙进行介绍。说到这里，不少人首先会想到位于靖边县北部与内蒙古交界地区的匈奴大夏国都城——统万城。

统万城的筹划者是传奇人物大夏国主匈奴人赫连勃勃。赫连勃勃带领匈奴部落南征北战，逐步强大起来，公元 407 年，他以今鄂尔多斯草原为根据地建立了大夏国。当赫连勃勃带领匈奴铁骑到达红柳河畔时，被河北岸这一片丰美的水草所吸引，但见潺潺的清流缓缓地沿着这块草地南缘流淌，滋润着这一方沃土，他不禁发出惊叹，自己在草原上纵横多年，从来没有见过这么美丽的地方，于是决定结束东一榔头西一棒子的生活，在这里建立一座雄伟的城池作为大夏国的国都。

城池的修建任务交给了亲信叱干阿利，据史书记载，叱干阿利是鲜卑族人，他出生于肤施（今陕西延安），本人心灵手巧，精通建筑。为了保证城墙的坚固，他别出心裁采用“蒸土筑城”之法。有学者考证认为：所谓“蒸土筑城”法是白灰、白黏土以糯米汁搅拌，蒸“熟”后进行灌注，类似今天的浇铸法，这样筑出来的墙坚固可挡刀斧。但我们必须考虑，糯米主要生长于南方，北方罕见，而修筑如此宏伟的城池，需要的糯米数量巨大，如何得到这些糯米是一个问题。可能有人会提出，在今天红柳河两岸地势较低的地方依然有水田存在，会不会在遥远的 1 600 年前，这一地区生态环境良好，会有更多的水田，能生长出更多的糯米？即使红柳河畔生产的糯米数量不够，今宁夏回族自治区当时也在赫连勃勃大夏国的控制下，而宁夏水利较便利，现在许多地方盛产大米，也可补充统万城修建之需。这种推断可能性较大。不管怎样，叱干阿利首先解决了建筑材料的问题。

统万城遗址

赫连勃勃本人是一个嗜杀成性的人，叱干阿利的残酷程度与之相比有过之而无不及。为了完成城池的修建任务，叱干阿利强迫岭北的汉族人和其他少数民族人共计十多万，聚集到今靖边县白城子村修建新都。为了保证城池的质量，叱干阿利对城墙的质量要求达到骇人听闻的苛刻程度，据说城池修建中，随时要接受检验，检验过程十分严酷。叱干阿利让检验员拿着锥子对城墙坚硬度进行检验，如果锥子扎进城墙一寸，就会命令将筑墙的工匠杀死，筑于墙下；如果锥子没有扎进去，就将检验员处死，埋在墙下。虽然我们对史书记载的真实性无法断定，但统万城自修建至今已过去1 600多个春秋，经过漫长时间的风吹雨打及流沙填壅，它的主体部分依然屹立于毛乌素沙漠南缘，虽然其完好程度不同，但其西墙尤其西南隅墩现仍高达31.62米。这是对它修建质量的最好诠释。

统万城从开工到竣工耗时六年，都城规模宏大，非常壮观。据记载，修建好的统万城："城高十仞，基厚三十步，上广十步，宫城五仞，其坚可以砺刀斧。"统万城东西南北共有四个城门，东门叫招魏门，西门叫服凉门，南门叫朝宋门，北门叫平朔门，昭示了赫连勃勃想臣服各国，一统天下的决心。赫连勃勃野心勃勃，利用陕北地区为统治中心，不断向周边蚕食，公元418年，带领匈奴铁骑直入关中，占领了长安城，大夏国盛极一时。

赫连勃勃死后的公元 427 年，北魏攻破统万城，崇尚节俭生活的魏太武帝将统万城设置成统万镇，统万城作为国家都城的使命也就此结束。然而，历经了 1 600 年风雨洗礼、黄沙掩埋与人为破坏，时至今日，统万城发白的城墙依然断断续续屹立在红柳河畔。

在陕北地区的黄土梁峁之上，我们还能看到一道道颓败程度不同的土墙，它们就是明长城。明王朝在北部边疆设置了九个军事重镇，陕北地区的长城由榆林的延绥镇管理，因此这段长城也被称为延绥镇长城。

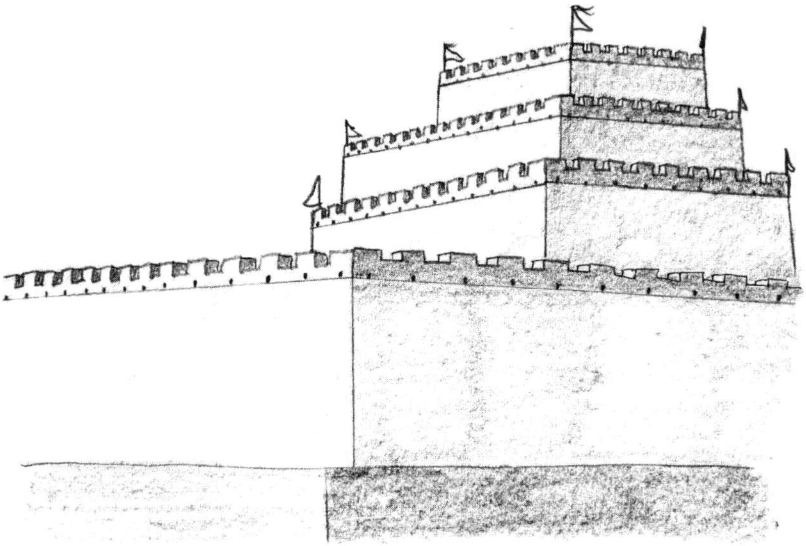

镇北台

其实，在陕北地区除了明长城外，还有历史更为悠久的长城，那就是秦长城。秦长城修建时间并非秦始皇统一六国后，早在秦昭王时期，为了抵御北部少数民族的入侵，秦国就在北部边境地区修筑了长城，这段长城自西向东跨越甘肃、宁夏、陕西、内蒙古等地。据陕西省考古队2009年调查显示，秦长城在陕北地区经过吴起、志丹、靖边、横山、榆阳、神木等六个区县，全长约455千米。

陕北境内长城的材质究竟是什么？段清波、于春雷根据其建筑类型、材质、保存状况将其分为山险、山险墙、石墙、土墙。认为不同类型的墙体主要与不同地质地貌相关，如在岩石山区，城墙主要是石墙和夯土墙；在平坦的沙漠边缘地区，由于缺少石材，因此采用夯土墙；在山沟河流的位置，则充分利用自然地形优势，形成山险或者山险墙。

通过实地调查，笔者发现的石墙只有神木秃尾河以东一段；石墙的类型有两种：一种是片石垒筑，另一种是土石混筑堆砌。土石混筑具体情况也分为两种：一种是两侧用石块堆砌，中间用黄土或小石块填筑；另一种为一边用石片砌筑，另一边用黄土夯筑。

陕北境内大部分城墙是用黄土夯筑而成的，黄土墙在中部沙漠地区尤为普遍，也就是说秃尾河以西地区的墙体基本都是黄土夯筑的。据调查显示，夯土墙以黄土为主，但含有大量细沙，还有一些大小不等的石子，以及能够找到的瓦片等。总之，陕北地区的秦长城城墙以黄土为主要建筑材料，里面可能夹杂有石块或少量其他材料。

秦长城的修筑对保卫秦国边疆意义非常重大。秦朝建立后，将六国长城与秦长城连接起来，形成了一道横跨整个北部边疆的墙体，对抵御匈奴入侵功不可没。汉朝及隋朝长城基本都是对秦长城的修修补补，因此墙体建筑材料没有多少变化。

到了明代，退出中原地区的蒙古人在蒙古草原地区游牧，经常侵扰明朝北疆地区，为了有效防御蒙古部落，明政府投入大量人力物力在和草原接壤的地区修筑长城。据统计，明朝的长城由东到西总长 8 000 多千米，被称为万里长城。今天在陕北能看到轮廓较分明的长城遗址就是明长城陕北段，也被称为延绥镇长城。

在延绥镇长城修建前，在榆林沿边地带普遍用黄土修筑了墩台，类似于前朝的瞭望台。墩台的作用在于瞭望敌情，当蒙古骑兵入侵时，在墩台附近耕牧的人可以进入墩台暂时躲避。最初，蒙古骑兵对墩台没有清楚的认识，稍事攻打没有明显效果，也就不会再强攻了，墩台确实起到了一定的保护作用。但随着蒙古骑兵对墩台认识的加深，开始强攻墩台，许多墩台被攻破，守军及避难的群众被杀害或抢掠。墩台越来越不适应新形势的需要。

于是，部分边疆将领便提出修筑边墙的建议。但修筑边墙并非一件容易的事，它要耗费巨大的人力物力。而边疆地区本来就驻扎着大量的军队，他们的衣食住行已经是一项巨大的开支，再要负担起修边劳动者的生活开支，难度非常大。加上边疆地区的人民，常年都背负着比内地更沉重的赋税、徭役，再加重劳役，边疆地区的稳定可能会受到威胁。由于以上原因，明朝中央对多位边疆将领修长城的建议，未予批准。

但北疆形式越来越严峻，蒙古骑兵的侵扰愈演愈烈。成化八年（公元 1472 年），陕西巡抚余子俊向明朝中央政府再次提出修边墙的建议，朝廷终于迫于形势批准了这一方案。但修长城需要合适的时间，春天黄河冰消雪化，蒙古部落往往出河套向北游牧，北部边疆地区局势较安定，便于开展大规模的工程兴建，加之，春天正是农闲季节，不影响农民和边疆军人生产劳动的时间，因此这时兴工最合适。成化九年（公元 1473 年）春天，余子俊召集大量民夫夹杂守边士兵开始修筑长城。

据史料记载，此次修筑长城也借鉴了前朝修建长城的经验。在地势险要的地方，借助地势的优势“铲削如城”，用高大的土墙来抵挡蒙古骑兵。对于地势低洼的地方，挖出宽深的壕沟，来截断蒙古骑兵的前进道路。对于中部地势平漫的沙漠地带，就要用黄土夯筑城墙。这些铲削的城墙、挖掘的壕沟、夯筑的城墙，将之前修筑的各个墩台连接起来，形成了一个系统的防御工事。

长城修筑后，加强了明朝北疆的防御力量，一定程度上遏制了蒙古骑兵的长驱直入。

这一段长城在修筑后的20多年，经过风化、侵蚀及黄沙堆积填埋等，开始变薄变矮，特别是在沙漠边缘修筑的城墙在流沙的堆积掩埋下，显得尤其低矮，蒙古骑兵可以轻而易举地越墙而过，最初的作用不复存在。而此时蒙古草原兴起的两个强大部落小王子、火筛等部相继进入河套地区，对沿边进行肆无忌惮的侵扰，边墙的破败已不足以御敌，蒙古骑兵们往往“填沟而进，掏空边墙，一日可开二三十处”，而边军“惧其攻空，往往弃墩而逃”，边疆危机再一次加重。面对这种状况，部分将领提出再修筑一道长城的建议。朝廷批准了这项提议，将这项重任交予延绥巡抚文贵来完成。为了区别这两条城墙，史书上将余子俊所修的城墙称为“二边”，而将文贵所修的这条城墙称为“大边”。

文贵接受任务后，即查找二边很快颓败的原因，并详细制订了修筑新边墙的方案。在方案中，他提出二边之所以易于被风雨浸蚀的原因是仅仅用黄土夯筑，裸露在外的边墙吃不消大漠的厉风。有鉴于此，他设计了新式墩台，这种墩台要求用青砖进行包裹，而且墩台四周都开有小窗，用于瞭望和射击。当然，除了军事聚点墩台包砖外，其他边墙不可能都包砖，也是黄土夯筑的墙体。

清隆庆年间（公元 1567 年—公元 1572 年），隆庆和议后，明朝和蒙古族之间建立了和平的互市关系。九边地区相对安宁，但居安思危的边将们却没有闲着，他们用文贵的方法，将一些地理位置重要的墩台包上青砖，以增强它的结实程度。按理说经过砖包后，延绥镇长城能够长期存在。然而当地人修房造屋找土不易，他们往往将城墙上的青砖和墙体的黄土掘下来，修房造屋，以至于延绥镇长城落得了和统万城相似的命运。

第三节　柳笆庵子

陕北地区在接近长城的地带，就是一望无际的沙漠区，是毛乌素沙漠的一部分，被称为小毛乌素沙漠，也被称为陕北沙区。陕北沙区横贯榆林北部靠近长城的各县，面积不容忽视。但据学者研究认为：自进入明代后，随着这一带居民活动的强度增大，对这一带自然植被的进一步过度利用，再加之以北的毛乌素沙漠风沙的不断侵蚀，沙漠慢慢向南方推移，一直越过长城，使长城沿线的黄土区被漫漫黄沙逐渐覆盖，成为一片沙漠区。由于黄沙的堆积层非常厚，完全将黄土层深埋其中，在此地便不可能挖窑洞居住。因此在沙漠地区或沙漠边缘地区的居民，充分借鉴了游牧民族的民居形式，利用沙漠地区特有的植物——红柳为材料，建造房屋——柳笆庵子。

毛乌素沙漠

红柳牛羊啃不死、刀斧砍不死、水涝淹不死，对环境的适应性非常强，特别耐盐碱性土地。同时，红柳根系非常发达，能够吸收沙漠中少有的水分，保证自己在干旱的环境中生存下去。红柳还不怕被流沙覆盖，当红柳枝条被流沙覆盖后，它会就地生根发芽，生长更加旺盛，来年长出一大蓬新的沙柳。正因为红柳具有上述特性，所以在广大沙漠地区随处可见。人们也以沙柳作为防风固沙的植物，在沙漠中广泛种植。

红柳条还十分柔韧，适宜编各种工具筐子、笼子等，这些都是沙漠区人生财致富的好渠道。当然，除了编制这些工具外，红柳条还被作为建筑材料来修建房屋——柳笆庵子。

元亡后，蒙古残余力量退回草原地区，与新兴的明王朝以长城为界，争战也交往。当时大量的蒙古部落在河套地区过着逐水草而居的游牧生活。他们住蒙古包，因此长城附近的汉族对蒙古包并不陌生。

到了清朝，出现了伙盘地。在伙盘地，汉人和蒙古人相互影响，相互学习，发明了一种新的居住方式——柳笆庵子。《靖边县志》记载蒙古族人：“效华风，伐木为室，不砖不瓦，上编

柳笆庵子

蓬芦，覆以沙泥，杂以牛中黄（牛粪），外无墙垣。”这就是最初的柳笆庵子。

通过对柳笆庵子的建造材料及结构分析也能看出蒙古包的影子。柳笆庵子屋顶覆盖着用红柳条编制的柳笆，这和支起蒙古包的用柳条编制的架子非常相似，功效和作用相同。据一些年长的老者介绍，他们小时候听村里的老人说最初柳笆庵子是圆形的，像蒙古包一样，后来慢慢变成现在像房间一样四四方方的形状，可能这是受汉人居住方式影响的一种变化。另外，柳笆庵子的墙和房顶都用白色的泥涂上厚厚的一层，远远看去白白的一片，更像白色的蒙古包。

自从柳笆庵子这种独特的民居被发明后，由于在伙盘地地区的蒙汉居民都主要以农耕为主，不需要像牧民一样经常搬迁，大家慢慢开始建起了柳笆庵子。现在乌审、东胜、定边、靖边等地都有柳笆庵子。

柳笆庵子刚开始时是一种不同材料的蒙古包。但圆形房屋对扩展居住空间影响很大，如果一大家子人口众多，想要隔墙而居，蒙古包就很难做到。因此在柳笆庵子发展史上，来自于窑洞的启示是非常明显的。当房顶罩上拱形的柳笆，再覆盖上谷草，涂抹上白泥，从侧面看去，就像拱形窑洞，只不过窑洞存在于黄土中，而柳笆庵子存在于地面上。

2011 年 6 月，榆林市人民政府颁发 2011 年第 22 号文件，确定了 9 大类 77 个项目传统技艺类被列入榆林市级非物质文化遗产，榆阳区文化馆选送的“榆林柳笆庵子建造技艺”也成功入围。

柳笆庵子的制作工艺非常复杂。春天，红柳吐芽抽条返青，此时枝条十分脆弱，不适宜采割。夏天，迎来了陕北地区的集中降雨期，喝足了水分的红柳拼命舒展枝叶，呼呼往上蹿，此时红柳条未生长成熟，也不适合采割。当秋末，凌厉的北风夹裹着细沙刮来，打落了红柳树上最后一片叶子，沙柳生长周期就此结束，已经生长成熟了，但此时红柳枝条还含有较多水分，柔韧度还没有达到要求，也不是收割的最佳季节。当冬季来临，几场干冷的风刮过，红柳光秃秃的枝条在寒风中瑟瑟发抖，它枝条里的水分也被风吹得逐渐减少，此时的柳条就变得材质细密，水分较少，有张力，耐腐蚀，经久耐用。再加上陕北冬天沙漠地区异常寒冷，冻结的沙土又酥松又脆，便于挖掘开垦，红柳的最佳收割期就这样来到了。此时，只需要用镢头在红柳根部轻轻一绕，红柳条便齐刷刷地被割下。

收割下来的红柳条还需要进一步加工，首先要将柳条上的枝叉小心地剔除掉。到了冬天正是农闲时节，陕北人将柳条放在房前屋后，在略带暖意的阳光下有一搭没一搭地剔着柳条。

剔好的柳条被整齐地码在一起。码柳条的地方选在通风、向阳之处，以使它们的水分充分流失掉，不至于再变形松动。

来年开春，庄户人家叫来工匠，开始编制柳棚。编柳棚听起来简单，但做起来并非易事。工匠们首先需要将一大摞柳条按大小型号分类整理，各种型号的柳条都有自己特定的用途。较粗壮的柳条被编在柳棚的中间位置，因为中间位置是关键位置，起着支撑整个柳棚的作用，如果硬度和力度不够，整个柳棚就会松松垮垮容易散架，这就如同盖房，屋脊部分要使用最粗壮的木头作为房梁，是一个道理。较细的柳条被编在两边。

编织柳棚时所用的固定材料既不是绳子，也不是铁丝，而是最细的柳条。中国工匠的独具匠心，往往令人匪夷所思。这就如同编织竹筐一样，将竹筐的各个竹片连接固定起来的材料也并不是绳子，而是竹片。再如中国古典建筑中对房顶的设计，人们固定房顶多用木材做的楔子，而很少用铁钉。

因此，编织柳棚的大小有一定的规格。一般来说，一个顶需盖三个柳棚，也就是说柳棚的大小约相当于一间房顶面积的三分之一。

柳棚编织好后其形状必须加工成斜坡状，这就是下一步工作，陕北人称之为曲笆。

曲笆讲究测量细致，工匠们先将房顶的各个位置丈量好，再在柳棚上该弯曲的地方提前做好标记。由于一冬天风吹日晒，柳条脱水严重，虽然不易变形，但比较脆弱，如果强行弯折，会把柳条折断。为了增加柳条的柔韧度，工匠们在标记处浇上水，让这个部位的柳条因充水而变得结实。当柳条吸收水后，就可以“曲笆”了。

曲笆的做法有两种：第一种是挖两条长长的壕沟，壕沟之间的宽度要与屋顶宽度一致。工匠们将柳笆一端插入一条壕沟中固定好，将柳笆另一端慢慢弯折，插入另一条壕沟固定好，这样柳笆的曲笆工作工序完成。但刚固定好的柳笆不能立刻使用，因为时间短，它的形状还没有最终固定。需固定一段时间，让柳笆的形状基本固定下来，才能正式使用。这是传统的曲笆方法，但后人在建房过程中，发现这种方法制作出的柳笆有许多问题。首先是柳笆两头多天深埋土中，虽然形状基本固定，但是柳条吸收了土中水分，架上屋顶后不但易于变形，而且有些部分甚至腐蚀，影响屋顶质量。其次，当将固定好的柳笆从壕沟中取出，在骤然失去束缚的情况下，柳笆会走形，松松垮垮，放在屋顶，经过风雨洗礼，很容易坍塌。

于是一种新的曲笆方法在经验中产生：提前将柳笆用三个木桩固定好，柳笆编好了，不需要再曲笆。当房屋的墙夯筑好后，将用木桩固定好的柳笆抬上屋顶，摆到位，再拆去固定的木桩。这样的曲笆过程最大的优点在于柳笆上墙后依然十分牢固，非常紧凑，不至于在风吹雨打中很快散架。

柳笆制作完成仅仅是完成了柳笆庵子的屋顶制作，下来得筑墙。筑墙同样少不了柳条，用比较粗的柳条替代木板做夹板，在夹板中倒入调配好的泥土，夯筑成墙。墙筑好后，在墙的顶端要挖一道槽，专门用来安放柳笆房顶。

安放屋顶重要的一环是扣笆。扣笆类似盖房上梁。上梁一般都要选取吉时进行，“月满之夜”或“涨潮时分”是上梁首选时间，主要是为了祝福家里团团圆圆、和和美美，如果家人生日刚好与上梁时间相冲，那么必须另选良辰吉日。上梁前，一般要举行祭神仪式，祭过了神，据说在神的庇护之下，才能保证房屋平平安安。祭神时要准备猪、鱼、鹅等祭品，在古代还要吟唱“上梁文”，以增加上梁仪式的隆重感。

柳笆庵子扣笆时，也有一套隆重的仪式。主人家在选好的扣笆日子，一大早便起床，摆上香炉、祭案，焚香祭祀，末了还拿出早已准备好的酒，在庄基地四周洒上一圈。扣笆需要大量人手。主人家将热气腾腾的猪肉酸菜大烩菜端出来，再端出黄馍馍，帮忙的人便狼吞虎咽地吃起来。吃饱了饭，就开始扣笆。一大拨身强力壮的男人们爬上了房顶，一部分男人及妇女们留在地上，房顶上的人用绳子慢慢将拴好的柳笆向房顶上吊。

地上的人扶着柳笆让它慢慢离地，平稳上升。柳笆吊上房顶后，将它的两边分别安放在墙头事先挖好的缝里。柳笆面积很大，光靠这些缝不能将它固定结实，人们往往会在柳笆下面加上一些粗壮的原木，做支撑。

蒙古包风格的柳笆庵子

当房子柳笆安置完成后，就留下最后的一道工序——处理屋顶。柳笆虽然覆盖在屋顶上，但柳笆之间毕竟有一定的缝隙，如果不做处理，下雨会漏。处理的方式是在柳笆上面覆盖一层厚厚的谷草。谷草据说有很好的保温效果。谷草上面还会抹上一层用白泥和好的黏黏的泥浆，严严实实地将谷草和柳笆盖住，涂泥的作用除了保暖之外，最重要的作用是防水。虽然陕北沙漠边缘地区年降雨量很少，但必要的防水处理是不能缺少的，不过不必像南方地区必须在屋顶上盖上密密厚厚的瓦片，只需要用泥浆做一些处理便可以起到防雨的效果。在甘肃、新疆等地，这种房屋处理方法十分普遍。

房屋处理后并不是一劳永逸的，陕北沙漠边缘地区年降雨量虽然只有 250～400 毫米，但由于集中在 7—9 三个月，有时甚至是大雨和暴雨。在这种情况下，房顶干燥的涂泥层往往被冲刷掉一部分。因此，一到每年的农闲时节，陕北老农都会上到柳笆庵子顶上，重新给屋顶抹上厚厚的一层泥浆。

柳笆庵子虽然低矮、简陋，采光差，但却是一种寄托，更是一种温暖。随着新时代的到来，旧貌换新颜，一栋栋拔地而起的高楼大厦，一间间装修精美、宽敞明亮的砖房取代了柳笆庵子。但对陕北老一辈居民来说，对柳笆庵子的感情却并未被隔断。他们时常还会想起低矮但不失温馨的柳笆庵子，想起柳笆庵子的往事。

参考文献

1. 延安地区地方志编纂委员会. 延安地区志［M］. 西安：西安出版社，2000.

2. 榆林地区地方志指导小组. 榆林地区志［M］. 西安：西北大学出版社，1994.

3. 榆林市志编纂委员会. 榆林市志［M］. 西安：三秦出版社，1996.

4. 陕西省统计局编. 陕西省地市县历史统计资料汇编（1949—1990）［M］. 北京：中国统计出版社，1991.

5. 张正路. 陕西年鉴［M］. 西安：陕西人民出版社，1988.

6. 陕西师范大学地理系《延安地区地理志》编写组. 陕西省延安地区地理志［M］. 西安：陕西人民出版社，1982.

7. 延安市人民政府主办，《延安年鉴》编委会. 延安年鉴（2006—2013 年）.

8. 榆林市人民政府主办，榆林市地方志办公室. 榆林年鉴（2006—2013 年）.

9. 西北大学地理系《陕西农业地理》编写组. 陕西农业地理［M］. 西安：陕西人民出版社，1979.

10. 陕西省人民政府、陕西省发展研究中心. 陕西经济社会发展60年［M］. 西安：陕西人民教育出版社，2009.

11. 延安市统计局、延安市统计学会：改革开放30年（1978—2008）.

12. 榆林市统计局. 榆林市历史统计资料汇编（1949—2008）. 2010年6月印.

13. 陕西省地方志编纂委员会编. 陕西林业志［M］. 西安：陕西人民出版社，1991.

14. 陕西省地方志编纂委员会编. 陕西畜牧志［M］. 西安：陕西人民出版社，1991.

15. 陕西省地方志编纂委员会编. 陕西交通运输志［M］. 西安：陕西人民出版社，1991.

16. 郭琦、史念海、张岂之编. 陕西通史经济卷［M］. 西安：陕西师范大学出版社，1997.

17. 郭琦、史念海、张岂之主编. 陕西通史交通卷［M］. 西安：陕西师范大学出版社，1997.

18. 司马迁. 史记·货殖列传［M］. 北京：中华书局，1982年第2版.

19. 张星. 中国交通史料汇编第10册［M］. 北京：中华书局，1997：285—286.

20. 蔡鸿生. 论突厥事火［J］. 1983，第一辑. 北京：中华书局，1983.

21. 李雄飞. 陕北地区拜火遗俗的宗教意义［J］. 兰州：西北民族学院学报，1998（3）.

22. 陕西省地情网. 陕西省志：http: //www.sxsdq.cn/dqzlk/sxsz/

23. 孟万春. 陕北方言的形成与特点［J］. 咸阳：咸阳师范学院学报，2013（1）.

24. 张晓虹. 文化区域的分异与整合：陕西历史地理文化研究［M］. 上海：上海书店出版社，2004.

25. 李海龙、陈勇. 陕北榆林地区民间宗教信仰历史变迁与现状研究［J］. 榆林：榆林学院学报，2014（1）.

26. 赵锡成. 陕北民间信仰研究［D］. 延安大学 2013 年硕士毕业论文.

27. 段清波、于春雷. 陕西战国秦长城调查与研究［J］. 北京：中国文物科学研究，2012（3）.

28. 王其钧、 楼庆西. 窑洞民居 黄土的温暖［J］. 北京：森林与人类，2008（6）.

29. 周俊玲、陈建强. 马氏庄园窑洞民居的文化艺术内涵［J］. 成都：四川文物，2008（5）.

30. 李艳花. 陕北庄园特色文化旅游资源的评价与开发研究［J］. 延安：延安大学学报，2006（6）.

31. 倪泽阳. 传统窑洞建筑文化创新窑洞建筑风格—由建造窑洞引起的思考［J］. 赤峰：赤峰学院学报，2010（4）.

32. 刘小军、王铁行、于瑞艳. 黄土地区窑洞的历史、现状及对未来发展的建议［J］. 北京：工业建筑，2007（37）.

33. 李军环. 黄土高原窑洞民居［J］. 辽宁：国土资源，2006（3）.

34. 卜云彤. 黄土高原窑洞的变迁［J］. 北京：瞭望周刊，1991（10）.

35. 关庆华. 浅谈窑洞民居［J］. 太原：山西建筑，2004（18）.

36. 姚佳丽、刘煜、韩晓娟. 陕北地区窑洞民居在城市化进程中的更新与发展［J］. 武汉：华中建筑，2008（12）.

37. 李建勇. 陕北米脂窑洞古城民居聚落形态研究［D］. 西安美术学院 2007 年硕士学位论文.

38. 方李莉. 陕北人的窑洞生活：历史、传承与变迁［J］. 南宁：广西民族学院学报，2003（2）.

39. 黄利荣、常俊玲. 陕北窑洞建筑的变迁及发展趋向［J］. 西安：西北工业大学学报，2003（1）.

40. 韩奕. 陕北窑洞民居之土文化［J］. 太原：山西建筑，

2006（16）.

41. 黄嘉浩. 陕北窑洞文化大观［J］. 广东：广东科技，2013（3—4）.

42. 林道果、王彦芳. 陕北砖石窑洞民居的演变及现状［J］. 哈尔滨：城市建筑，2013（16）.

43. 田春霞. 探究下沉式窑洞造型“沉”的意义［J］. 北京：中国包装工业，2014（6）.

44. 张磊. 原始生态建筑之陕北窑洞.［J］. 太原：山西建筑，2008（10）.

45. 段双印. 陕北古事钩沉［M］. 西安：三秦出版社，2008.

46. 吕静. 陕北文化研究［M］. 上海：学林出版社，2005.

47. 高宝军. 四季陕北［M］. 北京：北京出版社，2013.

48. 王冠、柳春生、马泽等. 陕北民俗中的酒文化［J］. 延安：延安教育学院学报，2001（2）.

49. 李毅 . 陕北饮食文化开发浅析［J］. 南昌：企业经济，2012（9）.

50. 袁建舟、杨雨佳 . 陕北民俗文化及其特征［J］. 西安：陕西教育（高教版），2014（1—2）.

51. 汪东锋、李延梅. 陕北民歌与陕北民俗［J］. 南宁：广西社会科学，2005（9）.

52. 黑维强、马小丽，柴倩楠. 浅谈陕北大红枣透视出的陕北民俗文化［J］. 西安：西安社会科学，2011（4）.

53. 张雄、山仓、李增佳等. 黄土高原小杂粮作物生产态势与地域分异［J］. 石家庄：中国生态农业学报，2007（3）.

54. 宋洁、陈戍国.《士婚礼》用雁问题及上古家、野禽之分野考论［J］. 求索，2014（2）.

55. 陕北文化.延安信息大全网：http://www.zgya.com/wenhua/

56. 榆林文艺网：http: //www.ylwyw.com/index.htm

后　记

2014年3月16日，导师侯甬坚教授和我商量，西安地图出版社找他，让他物色人选编写一套系列读物“陕西人文地理”，其内容分为三部分：关中篇、陕北篇和陕南篇，他希望我能编写陕北篇。初闻此事，我心里颇为忐忑，说实在，之前虽然参编过几部教材，但独立承担一部著作的编写工作对我来说尚属首次。另一担心处为，其时我正忙于博士毕业论文撰写及修改工作，繁重的科研任务已令我自顾不暇。但，导师委我重任，让我编写陕北人文地理也有他的考虑，我毕业论文的选题刚好是河套地区历史地理方面的研究，手头有一些现成资料，对陕北还比较熟悉。权衡再三，我毅然接受了这项工作。

其实，我接受这项工作不仅仅是因为上述原因。最主要的还是我对陕北大地和陕北人民的热爱。在读书期间，我已为这片红色的热土所倾倒，当读到贺敬之饱含深情的作品《回延安》中“几回回梦里回延安，双手搂定宝塔山。千声万声呼唤你

——母亲延安就在这里！”我的心灵深处也被深深震撼了。工作以后，由于工作原因，每年我都有赴陕北出差的机会，榆林延安许多县城我都去过。陕北人民的淳朴、热情好客，在实际工作中我体会得更为深刻，陕北人的豪爽更是令我钦佩，正因如此，我遂心生“陕北情怀”，在博士毕业论文选题上，毅然将研究地域确定于陕北北部地区，如果有机会让我更全面、更深入地了解陕北，亲近陕北人，我何乐而不为呢？

热爱终归是热爱，著作的编写工作需要的是素材。因此，自接下这项工作后，对素材的寻找是我最重要的任务，秉承著名史学家傅斯年先生的教诲“上穷碧落下黄泉，动手动脚找东西”，我便开始四处搜寻写作素材。好在现在是信息时代，知识的更新和传播异常便捷，网络上本身就有大量的材料可资利用，在资料收集过程中，我浏览了陕北文化——延安信息大全网站、榆林文艺网等带有浓厚地方文化气息的网站，并阅读了段双印的《陕北古事钩沉》、吕静的《陕北文化研究》等著作。加之，我利用工作之便，在往来陕北的旅程中，留心实地考察，对陕北当地人进行访谈调查。素材搜集的过程确实十分艰辛，但欣慰的是，通过此次搜寻之旅，我加深了对陕北的了解，也对陕北文化有了更深的理解。经过两年多的艰辛写作及修改历程，现书稿付梓在即，心中感慨良多。

在书稿写作过程中，导师侯甬坚教授始终关心指导，书稿出版之际，特表谢忱。

由于时间紧，任务重，加之博士毕业论文及工作的压力，在书稿完成中，我特请陕西省委党校的张方老师与我合作，具体分工为：陕西广播电视大学副教授张小永编写第二章、第三章、第四章、第六章及完成后期统稿工作；陕西省委党校副教授张方编写第一章、第五章，在此特作说明。

由于本人学识有限，本书的疏漏和不足之处在所难免，敬请指正！

张小永

2016年9月28日